BARÊME

POUR SERVIR A LA LIQUIDATION DES

NOUVEAUX DROITS DE SUCCESSION

PAR

D. VALABRÈGUE

Receveur de l'Enregistrement, des Domaines et du Timbre

à MEYZIEUX (Isère)

Prix : 2f 25. — S'adresser à l'Auteur.

DEUXIÈME MILLE

LYON

IMPRIMERIE PAUL LEGENDRE ET Cie

Ancienne Maison A. WALTENER

14, rue Belle-Cordière, 14

1901

BARÊME

POUR SERVIR A LA LIQUIDATION DES

NOUVEAUX DROITS DE SUCCESSION

PAR

D. VALABRÈGUE

Receveur de l'Enregistrement, des Domaines et du Timbre

à MEYZIEUX (Isère)

*Prix : **2f 25**. — S'adresser à l'Auteur.*

DEUXIÈME MILLE

LYON

IMPRIMERIE PAUL LEGENDRE ET Cie

Ancienne Maison A. WALTENER

14, rue Belle-Cordière, 14

1901

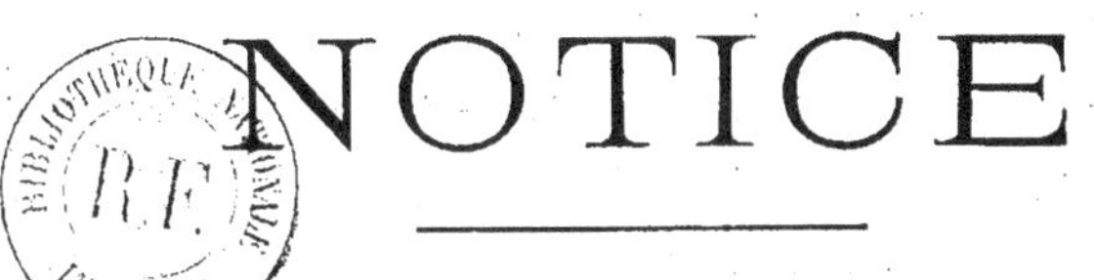

NOTICE

La loi de finances du 25 février 1901 a classé, au point de vue fiscal, les successions auxquelles s'applique le droit rogressif (1) en sept séries d'après le degré de parenté du défunt avec les héritiers, donataires ou légataires. Chaque érie est passible de divers tarifs dont le nombre est de six pour la ligne directe et de huit pour les autres.

Conformément à ces dispositions, le barême qui suit, se compose de sept tableaux dont un pour chaque série. Les tableaux sont divisés en deux parties. Les droits à verser au Trésor suivent les sommes de 20 fr. en 20 fr. jusqu'à .000 fr. dans la première partie, et de 1.000 fr. en 1.000 fr. à partir de 3.000 fr. jusqu'à 150.000 fr. dans la deuxième.

Les parts successorales devant être fractionnées par tranches successives, passibles chacune d'un tarif particulier, es calculs ont été faits aux taux divers établis pour chaque tranche ou fraction. Toutefois, on remarquera que la remière fraction ne devant jamais être supérieure à 2.000 fr., les droits ne la suivent que jusqu'à 2.000 fr. Pour les mêmes raisons, les droits ne suivent respectivement les 2e, 3e et 4e fractions que jusqu'à 8.000 fr., 40.000 fr. et 50.000 fr.

En tête de chaque tableau, se trouve la manière de diviser les parts héréditaires avec le taux applicable à chaque raction. Cette indication évitera souvent de recourir au texte même de la loi.

Les colonnes en gros caractères, indiquent le montant des sommes sujettes à l'impôt et les colonnes suivantes es droits dus sur ces sommes au taux correspondant à chaque fraction.

A la fin de chaque tableau, on trouve le montant des droits calculés, 1° sur les premiers 2.000 fr. ; 2° sur es premiers 10.000 fr. ; 3° sur les premiers 50.000........................ 7° sur le premier million ; 'est-à-dire sur des parts composées de chaque tranche complète additionnée avec le total des tranches précédentes. De cette façon, comme il l'a été annoncé par circulaire, la liquidation des droits sera très rapidement faite.

Exemple : Soit une part nette de 144.340 francs échue à un époux, cette somme sera divisée en deux parties: a première partie comprendra la totalité des tranches complètes qui y sont renfermées soit :

Les premiers.. **100.000** fr.

Et la deuxième, une fraction de.. **44.340** »

Cette deuxième partie étant comprise entre 100.001 fr. et 250.000 fr., sera passible d'après son rang du arif de 5,50 %.

On trouve donc d'après le barême :

1° Sur les premiers	100.000 fr.	Droits.....	**4.695** fr.
2° A 5,50 % sur 44.340 fr. ou	44.000 fr.	Droits.....	**2.420** »
	340 fr.	Droits.....	**18 70**
Totaux : Part...............	144.340 fr.	Droits.....	**7.133 70**

Si toutefois l'Administration de l'Enregistrement demande à ses comptables le détail des droits sur chaque raction passible d'un tarif différent, on procédera pour l'exemple ci-dessus de la manière suivante :

---

(1) Les dons et legs faits aux établissements de bienfaisance restent soumis au droit proportionnel sans progression. Ces établissements ont énumérés dans l'article 19 de la loi.

La part de 144.340 fr. étant supérieure à 100.000 fr. et inférieure à 250.000, sera divisée aux termes de l'article 2 de la loi en 5 fractions et les droits seront liquidés ainsi qu'il suit :

1° A 3.75 % sur la 1re fraction de 1 fr. à 2.000 fr., soit sur	2.000 fr.	Droits :	75 fr.
2° A 4 % sur la 2e fraction de 2.001 fr. à 10.000 fr., soit sur	8.000 fr.	Droits :	320 »
3° A 4.50 % sur la 3e fraction de 10.001 fr. à 50.000 fr., soit sur	40.000 fr.	Droits :	1.800 »
4° A 5 % sur la 4e fraction de 50.001 fr. à 100.000 fr., soit sur	50.000 fr.	Droits :	2.500 »
5° A 5.50 % sur la 5e fraction de 100.001 fr. à 144.340 fr., soit sur	44.000 fr.	Droits :	2.420 »
	340 fr.	Droits :	18 70
Totaux : Part	144.340 fr.	Droits :	7.133 70

Toutes les fois que la dernière fraction ne sera pas un multiple exact de 1.000 fr. on procédera comme ci-dessus pour la 5e fraction en la divisant en deux parties, les mille et les fractions de mille, et en cherchant séparément les droits sur chacune d'elles.

Du moment que les calculs ont été faits jusqu'à 150.000 fr. à tous les taux établis par la loi, pour chaque série de successions, le barême peut servir à liquider rapidement les droits à verser au Trésor, quelle que soit l'importance des parts héréditaires. Supposons, par exemple, qu'on ait une fraction de part de 842.320 fr. au-dessus de un million ; cette fraction peut se décomposer en trois parties : 1° 840.000 fr. ; 2° 2.000 fr. ; 3° 320 fr.

Pour chercher les droits sur 320 fr. et sur 2.000 fr. pas de difficulté. Quant à ceux dus sur 840.000 fr., pour les connaître ce sera aussi très facile quoiqu'ils ne soient pas portés dans le barême. Pour cela on n'aura qu'à chercher sur 84 000 fr. et en multipliant la somme trouvée par 10 (ce qui a lieu, tout le monde le sait, par la simple addition d'un zéro), on aura les droits pour 840.000 fr.

La disposition du barême évitant de feuilleter, les recherches se feront très vite dans tous les cas.

Quoique les dons et legs faits aux établissements de bienfaisance énumérés dans l'article 19 de la loi, ne soient pas passibles de droit progressif, un huitième tableau a été fait pour cette série de successions jusqu'à la somme de 150.000 fr.

D. VALABRÈGUE.

BARÊME

TABLEAU 1. — 1re Partie : de 20 fr. à 2.000 fr.

Degré de Parenté : Ligne directe.

TABLEAU 1. — 2e Partie : de 3.000 fr. à 150.000

Degré de Parenté : Ligne directe.

TAUX APPLICABLES A LA FRACTION DE PART NETTE COMPRISE ENTRE :

1° { 1 fr. et 2.000 fr. Taux : 1 o/o ‖ 2° { 2.001 fr. et 10.000 fr. Taux : 1.25 o/o ‖ 3° { 10.001 fr. et 50.000 fr. Taux : 1.50 o/o

4° { 50.001 fr. et 100.000 fr. Taux : 1.75 o/o ‖ 5° { 100.001 fr. et 250.000 fr. Taux : 2 o/o ‖ 6° { Au-dessus de 250.000 fr. Taux : 2.50 o/o

Montant des fractions de part	MONTANT DES DROITS AU TAUX DE :						Montant des fractions de part	MONTANT DES DROITS AU TAUX DE :					
	1 o/o	1.25 o/o	1.50 o/o	1.75 o/o	2 o/o	2.50 o/o		1 o/o	1.25 o/o	1.50 o/o	1.75 o/o	2 o/o	2.50 o/o
fr.	fr. c.	fr. c.	fr. c.	fr. c.	fr. c.	fr. c.	fr.	fr. c.	fr. c.	fr. c.	fr. c.	fr. c.	fr. c.
20	0.20	0.25	0.30	0.35	0.40	0.50	1.020	10.20	12.75	15.30	17.85	20.40	25.50
40	0.40	0.50	0.60	0.70	0.80	1 »	1.040	10.40	13 »	15.60	18.20	20.80	26 »
60	0.60	0.75	0.90	1.05	1.20	1.50	1.060	10.60	13.25	15.90	18.55	21.20	26.50
80	0.80	1 »	1.20	1.40	1.60	2 »	1.080	10.80	13.50	16.20	18.90	21.60	27 »
100	1 »	1.25	1.50	1.75	2 »	2.50	1.100	11 »	13.75	16.50	19.25	22 »	27.50
120	1.20	1.50	1.80	2.10	2.40	3 »	1.120	11.20	14 »	16.80	19.60	22.40	28 »
140	1.40	1.75	2.10	2.45	2.80	3.50	1.140	11.40	14.25	17.10	19.95	22.80	28.50
160	1.60	2 »	2.40	2.80	3.20	4 »	1.160	11.60	14.50	17.40	20.30	23.20	29 »
180	1.80	2.25	2.70	3.15	3.60	4.50	1.180	11.80	14.75	17.70	20.65	23.60	29.50
200	2 »	2.50	3 »	3.50	4 »	5 »	1.200	12 »	15 »	18 »	21 »	24 »	30 »
220	2.20	2.75	3.30	3.85	4.40	5.50	1.220	12.20	15.25	18.30	21.35	24.40	30.50
240	2.40	3 »	3.60	4.20	4.80	6 »	1.240	12.40	15.50	18.60	21.70	24.80	31 »
260	2.60	3.25	3.90	4.55	5.20	6.50	1.260	12.60	15.75	18.90	22.05	25.20	31.50
280	2.80	3.50	4.20	4.90	5.60	7 »	1.280	12.80	16 »	19.20	22.40	25.60	32 »
300	3 »	3.75	4.50	5.25	6 »	7.50	1.300	13 »	16.25	19.50	22.75	26 »	32.50
320	3.20	4 »	4.80	5.60	6.40	8 »	1.320	13.20	16.50	19.80	23.10	26.40	33 »
340	3.40	4.25	5.10	5.95	6.80	8.50	1.340	13.40	16.75	20.10	23.45	26.80	33.50
360	3.60	4.50	5.40	6.30	7.20	9 »	1.360	13.60	17 »	20.40	23.80	27.20	34 »
380	3.80	4.75	5.70	6.65	7.60	9.50	1.380	13.80	17.25	20.70	24.15	27.60	34.50
400	4 »	5 »	6 »	7 »	8 »	10 »	1.400	14 »	17.50	21 »	24.50	28 »	35 »
420	4.20	5.25	6.30	7.35	8.40	10.50	1.420	14.20	17.75	21.30	24.85	28.40	35.50
440	4.40	5.50	6.60	7.70	8.80	11 »	1.440	14.40	18 »	21.60	25.20	28.80	36 »
460	4.60	5.75	6.90	8.05	9.20	11.50	1.460	14.60	18.25	21.90	25.55	29.20	36.50
480	4.80	6 »	7.20	8.40	9.60	12 »	1.480	14.80	18.50	22.20	25.90	29.60	37 »
500	5 »	6.25	7.50	8.75	10 »	12.50	1.500	15 »	18.75	22.50	26.25	30 »	37.50
520	5.20	6.50	7.80	9.10	10.40	13 »	1.520	15.20	19 »	22.80	26.60	30.40	38 »
540	5.40	6.75	8.10	9.45	10.80	13.50	1.540	15.40	19.25	23.10	26.95	30.80	38.50
560	5.60	7 »	8.40	9.80	11.20	14 »	1.560	15.60	19.50	23.40	27.30	31.20	39 »
580	5.80	7.25	8.70	10.15	11.60	14.50	1.580	15.80	19.75	23.70	27.65	31.60	39.50
600	6 »	7.50	9 »	10.50	12 »	15 »	1.600	16 »	20 »	24 »	28 »	32 »	40 »
620	6.20	7.75	9.30	10.85	12.40	15.50	1.620	16.20	20.25	24.30	28.35	32.40	40.50
640	6.40	8 »	9.60	11.20	12.80	16 »	1.640	16.40	20.50	24.60	28.70	32.80	41 »
660	6.60	8.25	9.90	11.55	13.20	16.50	1.660	16.60	20.75	24.90	29.05	33.20	41.50
680	6.80	8.50	10.20	11.90	13.60	17 »	1.680	16.80	21 »	25.20	29.40	33.60	42 »
700	7 »	8.75	10.50	12.25	14 »	17.50	1.700	17 »	21.25	25.50	29.75	34 »	42.50
720	7.20	9 »	10.80	12.60	14.40	18 »	1.720	17.20	21.50	25.80	30.10	34.40	43 »
740	7.40	9.25	11.10	12.95	14.80	18.50	1.740	17.40	21.75	26.10	30.45	34.80	43.50
760	7.60	9.50	11.40	13.30	15.20	19 »	1.760	17.60	22 »	26.40	30.80	35.20	44 »
780	7.80	9.75	11.70	13.65	15.60	19.50	1.780	17.80	22.25	26.70	31.15	35.60	44.50
800	8 »	10 »	12 »	14 »	16 »	20 »	1.800	18 »	22.50	27 »	31.50	36 »	45 »
820	8.20	10.25	12.30	14.35	16.40	20.50	1.820	18.20	22.75	27.30	31.85	36.40	45.50
840	8.40	10.50	12.60	14.70	16.80	21 »	1.840	18.40	23 »	27.60	32.20	36.80	46 »
860	8.60	10.75	12.90	15.05	17.20	21.50	1.860	18.60	23.25	27.90	32.55	37.20	46.50
880	8.80	11 »	13.20	15.40	17.60	22 »	1.880	18.80	23.50	28.20	32.90	37.60	47 »
900	9 »	11.25	13.50	15.75	18 »	22.50	1.900	19 »	23.75	28.50	33.25	38 »	47.50
920	9.20	11.50	13.80	16.10	18.40	23 »	1.920	19.20	24 »	28.80	33.60	38.40	48 »
940	9.40	11.75	14.10	16.45	18.80	23.50	1.940	19.40	24.25	29.10	33.95	38.80	48.50
960	9.60	12 »	14.40	16.80	19.20	24 »	1.960	19.60	24.50	29.40	34.30	39.20	49 »
980	9.80	12.25	14.70	17.15	19.60	24.50	1.980	19.80	24.75	29.70	34.65	39.60	49.50
1.000	10 »	12.50	15 »	17.50	20 »	25 »	2.000	20 »	25 »	30 »	35 »	40 »	50 »
	1 o/o	1.25 o/o	1.50 o/o	1.75 o/o	2 o/o	2.50 o/o		1 o/o	1.25 o/o	1.50 o/o	1.75 o/o	2 o/o	2.50 o/o

Montant des droits sur les parts nettes ci-après :

Part	Droits	Part	Droits	Parts	Droits	Part	Droits
1res 2.000 fr.	20 fr.	1res 10.000 fr.	120 fr.	1res 50.000 fr.	720 fr.	1res 100.000 fr.	1.595 fr.

Montant des fractions de part	MONTANT DES DROITS AU TAUX DE :					Montant des fractions de part	MONTANT DES DROITS AU TAUX DE :		Montant des fractions de part	MONTANT [...] AU T[...]
	1.25 o/o	1.50 o/o	1.75 o/o	2 o/o	2.50 o/o		2 o/o	2.50 o/o		2 o/o
fr.	fr. c.	fr.	fr. c.	fr.	fr.	fr.	fr.	fr.	fr.	fr.
....	......	......	......	......	......	51.000	1.020	1.275	101.000	2.020
....	......	......	......	......	......	52.000	1.040	1.300	102.000	2.040
3.000	37.50	45 »	52.50	60	75	53.000	1.060	1.325	103.000	2.060
4.000	50 »	60 »	70 »	80	100	54.000	1.080	1.350	104.000	2.080
5.000	62.50	75 »	87.50	100	125	55.000	1.100	1.375	105.000	2.100
6.000	75 »	90 »	105 »	120	150	56.000	1.120	1.400	106.000	2.120
7.000	87.50	105 »	122.50	140	175	57.000	1.140	1.425	107.000	2.140
8.000	100 »	120 »	140 »	160	200	58.000	1.160	1.450	108.000	2.160
9.000	......	135 »	157.50	180	225	59.000	1.180	1.475	109.000	2.180
10.000	......	150 »	175 »	200	250	60.000	1.200	1.500	110.000	2.200
11.000	......	165 »	192.50	220	275	61.000	1.220	1.525	111.000	2.220
12.000	......	180 »	210 »	240	300	62.000	1.240	1.550	112.000	2.240
13.000	......	195 »	227.50	260	325	63.000	1.260	1.575	113.000	2.260
14.000	......	210 »	245 »	280	350	64.000	1.280	1.600	114.000	2.280
15.000	......	225 »	262.50	300	375	65.000	1.300	1.625	115.000	2.300
16.000	......	240 »	280 »	320	400	66.000	1.320	1.650	116.000	2.320
17.000	......	255 »	297.50	340	425	67.000	1.340	1.675	117.000	2.340
18.000	......	270 »	315 »	360	450	68.000	1.360	1.700	118.000	2.360
19.000	......	285 »	332.50	380	475	69.000	1.380	1.725	119.000	2.380
20.000	......	300 »	350 »	400	500	70.000	1.400	1.750	120.000	2.400
21.000	......	315 »	367.50	420	525	71.000	1.420	1.775	121.000	2.420
22.000	......	330 »	385 »	440	550	72.000	1.440	1.800	122.000	2.440
23.000	......	345 »	402.50	460	575	73.000	1.460	1.825	123.000	2.460
24.000	......	360 »	420 »	480	600	74.000	1.480	1.850	124.000	2.480
25.000	......	375 »	437.50	500	625	75.000	1.500	1.875	125.000	2.500
26.000	......	390 »	455 »	520	650	76.000	1.520	1.900	126.000	2.520
27.000	......	405 »	472.50	540	675	77.000	1.540	1.925	127.000	2.540
28.000	......	420 »	490 »	560	700	78.000	1.560	1.950	128.000	2.560
29.000	......	435 »	507.50	580	725	79.000	1.580	1.975	129.000	2.580
30.000	......	450 »	525 »	600	750	80.000	1.600	2.000	130.000	2.600
31.000	......	465 »	542.50	620	775	81.000	1.620	2.025	131.000	2.620
32.000	......	480 »	560 »	640	800	82.000	1.640	2.050	132.000	2.640
33.000	......	495 »	577.50	660	825	83.000	1.660	2.075	133.000	2.660
34.000	......	510 »	595 »	680	850	84.000	1.680	2.100	134.000	2.680
35.000	......	525 »	612.50	700	875	85.000	1.700	2.125	135.000	2.700
36.000	......	540 »	630 »	720	900	86.000	1.720	2.150	136.000	2.720
37.000	......	555 »	647.50	740	925	87.000	1.740	2.175	137.000	2.740
38.000	......	570 »	665 »	760	950	88.000	1.760	2.200	138.000	2.760
39.000	......	585 »	682.50	780	975	89.000	1.780	2.225	139.000	2.780
40.000	......	600 »	700 »	800	1000	90.000	1.800	2.250	140.000	2.800
41.000	......	......	717.50	820	1025	91.000	1.820	2.275	141.000	2.820
42.000	......	......	735 »	840	1050	92.000	1.840	2.300	142.000	2.840
43.000	......	......	752.50	860	1075	93.000	1.860	2.325	143.000	2.860
44.000	......	......	770 »	880	1100	94.000	1.880	2.350	144.000	2.880
45.000	......	......	787.50	900	1125	95.000	1.900	2.375	145.000	2.900
46.000	......	......	805 »	920	1150	96.000	1.920	2.400	146.000	2.920
47.000	......	......	822.50	940	1175	97.000	1.940	2.425	147.000	2.940
48.000	......	......	840 »	960	1200	98.000	1.960	2.450	148.000	2.960
49.000	......	......	857.50	980	1225	99.000	1.980	2.475	149.000	2.980
50.000	......	......	875 »	1.000	1250	100.000	2.000	2.500	150.000	3.000
	1.25 o/o	1.50 o/o	1.75 o/o	2 o/o	2.50 o/o		2 o/o	2.50 o/o		2 o/o

Montant des droits sur les parts nettes ci-après :

Part	Droits	Part	Droits	Part	Droits
1res 250.000 fr.	4.595 fr.	1res 500.000 fr.	10.845 fr.	1er million	23.345 fr.

TABLEAU 2. — 1re Partie : de 20 fr. à 2.000 fr.

Degré de Parenté : Entre Epoux.

TABLEAU 2. — 2e Partie : de 3.000 fr. à 150.000 fr.

Degré de Parenté : Entre Epoux.

TAUX APPLICABLES A LA FRACTION DE PART NETTE COMPRISE ENTRE :

1° 1 fr. et 2.000 fr. Taux : 3.75 o/o || 2° 2.001 fr. et 10.000 fr. Taux : 4 o/o || 3° 10.001 fr. et 50.000 fr. Taux : 4.50 o/o || 4° 50.001 fr. et 100.000 fr. Taux : 5 o/o || 5° 100.001 fr. et 250.000 fr. Taux : 5.50 o/o || 6° 250.001 fr. et 500.000 fr. Taux : 6 o/o || 7° 500.001 fr. et 1 million Taux : 6.50 o/o || 8° au-dessus de 1 million Taux : 7 o/o

MONTANT DES DROITS AU TAUX DE :							
3.75 o/o	4 o/o	4.50 o/o	5 o/o	5.50 o/o	6 o/o	6.50 o/o	7 o/o
fr. c.	fr. c.	fr. c.	fr. c.	fr. c.	fr. c.	fr. c.	fr. c.
0.75	0.80	0.90	1 »	1.10	1.20	1.30	1.40
1.50	1.60	1.80	2 »	2.20	2.40	2.60	2.80
2.25	2.40	2.70	3 »	3.30	3.60	3.90	4.20
3 »	3.20	3.60	4 »	4.40	4.80	5.20	5.60
3.75	4 »	4.50	5 »	5.50	6 »	6.50	7 »
4.50	4.80	5.40	6 »	6.60	7.20	7.80	8.40
5.25	5.60	6.30	7 »	7.70	8.40	9.10	9.80
6 »	6.40	7.20	8 »	8.80	9.60	10.40	11.20
6.75	7.20	8.10	9 »	9.90	10.80	11.70	12.60
7.50	8 »	9 »	10 »	11 »	12 »	13 »	14 »
8.25	8.80	9.90	11 »	12.10	13.20	14.30	15.40
9 »	9.60	10.80	12 »	13.20	14.40	15.60	16.80
9.75	10.40	11.70	13 »	14.30	15.60	16.90	18.20
10.50	11.20	12.60	14 »	15.40	16.80	18.20	19.60
11.25	12 »	13.50	15 »	16.50	18 »	19.50	21 »
12 »	12.80	14.40	16 »	17.60	19.20	20.80	22.40
12.75	13.60	15.30	17 »	18.70	20.40	22.10	23.80
13.50	14.40	16.20	18 »	19.80	21.60	23.40	25.20
14.25	15.20	17.10	19 »	20.90	22.80	24.70	26.60
15 »	16 »	18 »	20 »	22 »	24 »	26 »	28 »
15.75	16.80	18.90	21 »	23.10	25.20	27.30	29.40
16.50	17.60	19.80	22 »	24.20	26.40	28.60	30.80
17.25	18.40	20.70	23 »	25.30	27.60	29.90	32.20
18 »	19.20	21.60	24 »	26.40	28.80	31.20	33.60
18.75	20 »	22.50	25 »	27.50	30 »	32.50	35 »
19.50	20.80	23.40	26 »	28.60	31.20	33.80	36.40
20.25	21.60	24.30	27 »	29.70	32.40	35.10	37.80
21 »	22.40	25.20	28 »	30.80	33.60	36.40	39.20
21.75	23.20	26.10	29 »	31.90	34.80	37.70	40.60
22.50	24 »	27 »	30 »	33 »	36 »	39 »	42 »
23.25	24.80	27.90	31 »	34.10	37.20	40.30	43.40
24 »	25.60	28.80	32 »	35.20	38.40	41.60	44.80
24.75	26.40	29.70	33 »	36.30	39.60	42.90	46.20
25.50	27.20	30.60	34 »	37.40	40.80	44.20	47.60
26.25	28 »	31.50	35 »	38.50	42 »	45.50	49 »
27 »	28.80	32.40	36 »	39.60	43.20	46.80	50.40
27.75	29.60	33.30	37 »	40.70	44.40	48.10	51.80
28.50	30.40	34.20	38 »	41.80	45.60	49.40	53.20
29.25	31.20	35.10	39 »	42.90	46.80	50.70	54.60
30 »	32 »	36 »	40 »	44 »	48 »	52 »	56 »
30.75	32.80	36.90	41 »	45.10	49.20	53.30	57.40
31.50	33.60	37.80	42 »	46.20	50.40	54.60	58.80
32.25	34.40	38.70	43 »	47.30	51.60	55.90	60.20
33 »	35.20	39.60	44 »	48.40	52.80	57.20	61.60
33.75	36 »	40.50	45 »	49.50	54 »	58.50	63 »
34.50	36.80	41.40	46 »	50.60	55.20	59.80	64.40
35.25	37.60	42.30	47 »	51.70	56.40	61.10	65.80
36 »	38.40	43.20	48 »	52.80	57.60	62.40	67.20
36.75	39.20	44.10	49 »	53.90	58.80	63.70	68.60
37.50	40 »	45 »	50 »	55 »	60 »	65 »	70 »
3.75 o/o	4 o/o	4.50 o/o	5 o/o	5.50 o/o	6 o/o	6.50 o/o	7 o/o

Montant des fractions de part	MONTANT DES DROITS AU TAUX DE :							
	3.75 o/o	4 o/o	4.50 o/o	5 o/o	5.50 o/o	6 o/o	6.50 o/o	7 o/o
fr.	fr. c.	fr. c.	fr. c.	fr. c.	fr. c.	fr. c.	fr. c.	fr. c.
1.020	38.25	40.80	45.90	51 »	56.10	61.20	66.30	71.40
1.040	39 »	41.60	46.80	52 »	57.20	62.40	67.60	72.80
1.060	39.75	42.40	47.70	53 »	58.30	63.60	68.90	74.20
1.080	40.50	43.20	48.60	54 »	59.40	64.80	70.20	75.60
1.100	41.25	44 »	49.50	55 »	60.50	66 »	71.50	77 »
1.120	42 »	44.80	50.40	56 »	61.60	67.20	72.80	78.40
1.140	42.75	45.60	51.30	57 »	62.70	68.40	74.10	79.80
1.160	43.50	46.40	52.20	58 »	63.80	69.60	75.40	81.20
1.180	44.25	47.20	53.10	59 »	64.90	70.80	76.70	82.60
1.200	45 »	48 »	54 »	60 »	66 »	72 »	78 »	84 »
1.220	45.75	48.80	54.90	61 »	67.10	73.20	79.30	85.40
1.240	46.50	49.60	55.80	62 »	68.20	74.40	80.60	86.80
1.260	47.25	50.40	56.70	63 »	69.30	75.60	81.90	88.20
1.280	48 »	51.20	57.60	64 »	70.40	76.80	83.20	89.60
1.300	48.75	52 »	58.50	65 »	71.50	78 »	84.50	91 »
1.320	49.50	52.80	59.40	66 »	72.60	79.20	85.80	92.40
1.340	50.25	53.60	60.30	67 »	73.70	80.40	87.10	93.80
1.360	51 »	54.40	61.20	68 »	74.80	81.60	88.40	95.20
1.380	51.75	55.20	62.10	69 »	75.90	82.80	89.70	96.60
1.400	52.50	56 »	63 »	70 »	77 »	84 »	91 »	98 »
1.420	53.25	56.80	63.90	71 »	78.10	85.20	92.30	99.40
1.440	54 »	57.60	64.80	72 »	79.20	86.40	93.60	100.80
1.460	54.75	58.40	65.70	73 »	80.30	87.60	94.90	102.20
1.480	55.50	59.20	66.60	74 »	81.40	88.80	96.20	103.60
1.500	56.25	60 »	67.50	75 »	82.50	90 »	97.50	105 »
1.520	57 »	60.80	68.40	76 »	83.60	91.20	98.80	106.40
1.540	57.75	61.60	69.30	77 »	84.70	92.40	100.10	107.80
1.560	58.50	62.40	70.20	78 »	85.80	93.60	101.40	109.20
1.580	59.25	63.20	71.10	79 »	86.90	94.80	102.70	110.60
1.600	60 »	64 »	72 »	80 »	88 »	96 »	104 »	112 »
1.620	60.75	64.80	72.90	81 »	89.10	97.20	105.30	113.40
1.640	61.50	65.60	73.80	82 »	90.20	98.40	106.60	114.80
1.660	62.25	66.40	74.70	83 »	91.30	99.60	107.90	116.20
1.680	63 »	67.20	75.60	84 »	92.40	100.80	109.20	117.60
1.700	63.75	68 »	76.50	85 »	93.50	102 »	110.50	119 »
1.720	64.50	68.80	77.40	86 »	94.60	103.20	111.80	120.40
1.740	65.25	69.60	78.30	87 »	95.70	104.40	113.10	121.80
1.760	66 »	70.40	79.20	88 »	96.80	105.60	114.40	123.20
1.780	66.75	71.20	80.10	89 »	97.90	106.80	115.70	124.60
1.800	67.50	72 »	81 »	90 »	99 »	108 »	117 »	126 »
1.820	68.25	72.80	81.90	91 »	100.10	109.20	118.30	127.40
1.840	69 »	73.60	82.80	92 »	101.20	110.40	119.60	128.80
1.860	69.75	74.40	83.70	93 »	102.30	111.60	120.90	130.20
1.880	70.50	75.20	84.60	94 »	103.40	112.80	122.20	131.60
1.900	71.25	76 »	85.50	95 »	104.50	114 »	123.50	133 »
1.920	72 »	76.80	86.40	96 »	105.60	115.20	124.80	134.40
1.940	72.75	77.60	87.30	97 »	106.70	116.40	126.10	135.80
1.960	73.50	78.40	88.20	98 »	107.80	117.60	127.40	137.20
1.980	74.25	79.20	89.10	99 »	108.90	118.80	128.70	138.60
2.000	75 »	80 »	90 »	100 »	110 »	120 »	130 »	140 »
	3.75 o/o	4 o/o	4.50 o/o	5 o/o	5.50 o/o	6 o/o	6.50 o/o	7 o/o

Montant des fractions de part	MONTANT DES DROITS AU TAUX DE :						
	4 o/o	4.50 o/o	5 o/o	5.50 o/o	6 o/o	6.50 o/o	7 o/o
fr.	fr.	fr.	fr.	fr.	fr.	fr.	fr.
......	......	......	......	......	......	......	......
......	......	......	......	......	......	......	......
3.000	120	135	150	165	180	195	210
4.000	160	180	200	220	240	260	280
5.000	200	225	250	275	300	325	350
6.000	240	270	300	330	360	390	420
7.000	280	315	350	385	420	455	490
8.000	320	360	400	440	480	520	560
9.000	......	405	450	495	540	585	630
10.000	......	450	500	550	600	650	700
11.000	......	495	550	605	660	715	770
12.000	......	540	600	660	720	780	840
13.000	......	585	650	715	780	845	910
14.000	......	630	700	770	840	910	980
15.000	......	675	750	825	900	975	1.050
16.000	......	720	800	880	960	1.040	1.120
17.000	......	765	850	935	1.020	1.105	1.190
18.000	......	810	900	990	1.080	1.170	1.260
19.000	......	855	950	1.045	1.140	1.235	1.330
20.000	......	900	1.000	1.100	1.200	1.300	1.400
21.000	......	945	1.050	1.155	1.260	1.365	1.470
22.000	......	990	1.100	1.210	1.320	1.430	1.540
23.000	......	1.035	1.150	1.265	1.380	1.495	1.610
24.000	......	1.080	1.200	1.320	1.440	1.560	1.680
25.000	......	1.125	1.250	1.375	1.500	1.625	1.750
26.000	......	1.170	1.300	1.430	1.560	1.690	1.820
27.000	......	1.215	1.350	1.485	1.620	1.755	1.890
28.000	......	1.260	1.400	1.540	1.680	1.820	1.960
29.000	......	1.305	1.450	1.595	1.740	1.885	2.030
30.000	......	1.350	1.500	1.650	1.800	1.950	2.100
31.000	......	1.395	1.550	1.705	1.860	2.015	2.170
32.000	......	1.440	1.600	1.760	1.920	2.080	2.240
33.000	......	1.485	1.650	1.815	1.980	2.145	2.310
34.000	......	1.530	1.700	1.870	2.040	2.210	2.380
35.000	......	1.575	1.750	1.925	2.100	2.275	2.450
36.000	......	1.620	1.800	1.980	2.160	2.340	2.520
37.000	......	1.665	1.850	2.035	2.220	2.405	2.590
38.000	......	1.710	1.900	2.090	2.280	2.470	2.660
39.000	......	1.755	1.950	2.145	2.340	2.535	2.730
40.000	......	1.800	2.000	2.200	2.400	2.600	2.800
41.000	......	......	2.050	2.255	2.460	2.665	2.870
42.000	......	......	2.100	2.310	2.520	2.730	2.940
43.000	......	......	2.150	2.365	2.580	2.795	3.010
44.000	......	......	2.200	2.420	2.640	2.860	3.080
45.000	......	......	2.250	2.475	2.700	2.925	3.150
46.000	......	......	2.300	2.530	2.760	2.990	3.220
47.000	......	......	2.350	2.585	2.820	3.055	3.290
48.000	......	......	2.400	2.640	2.880	3.120	3.360
49.000	......	......	2.450	2.695	2.940	3.185	3.430
50.000	......	......	2.500	2.750	3.000	3.250	3.500
	4 o/o	4.50 o/o	5 o/o	5.50 o/o	6 o/o	6.50 o/o	7 o/o

Montant des fractions de part	MONTANT DES DROITS AU TAUX DE :			
	5.50 o/o	6 o/o	6.50 o/o	7 o/o
fr.	fr.	fr.	fr.	fr.
51.000	2.805	3.060	3.315	3.570
52.000	2.860	3.120	3.380	3.640
53.000	2.915	3.180	3.445	3.710
54.000	2.970	3.240	3.510	3.780
55.000	3.025	3.300	3.575	3.850
56.000	3.080	3.360	3.640	3.920
57.000	3.135	3.420	3.705	3.990
58.000	3.190	3.480	3.770	4.060
59.000	3.245	3.540	3.835	4.130
60.000	3.300	3.600	3.900	4.200
61.000	3.355	3.660	3.965	4.270
62.000	3.410	3.720	4.030	4.340
63.000	3.465	3.780	4.095	4.410
64.000	3.520	3.840	4.160	4.480
65.000	3.575	3.900	4.225	4.550
66.000	3.630	3.960	4.290	4.620
67.000	3.685	4.020	4.355	4.690
68.000	3.740	4.080	4.420	4.760
69.000	3.795	4.140	4.485	4.830
70.000	3.850	4.200	4.550	4.900
71.000	3.905	4.260	4.615	4.970
72.000	3.960	4.320	4.680	5.040
73.000	4.015	4.380	4.745	5.110
74.000	4.070	4.440	4.810	5.180
75.000	4.125	4.500	4.875	5.250
76.000	4.180	4.560	4.940	5.320
77.000	4.235	4.620	5.005	5.390
78.000	4.290	4.680	5.070	5.460
79.000	4.345	4.740	5.135	5.530
80.000	4.400	4.800	5.200	5.600
81.000	4.455	4.860	5.265	5.670
82.000	4.510	4.920	5.330	5.740
83.000	4.565	4.980	5.395	5.810
84.000	4.620	5.040	5.460	5.880
85.000	4.675	5.100	5.525	5.950
86.000	4.730	5.160	5.590	6.020
87.000	4.785	5.220	5.655	6.090
88.000	4.840	5.280	5.720	6.160
89.000	4.895	5.340	5.785	6.230
90.000	4.950	5.400	5.850	6.300
91.000	5.005	5.460	5.915	6.370
92.000	5.060	5.520	5.980	6.440
93.000	5.115	5.580	6.045	6.510
94.000	5.170	5.640	6.110	6.580
95.000	5.225	5.700	6.175	6.650
96.000	5.280	5.760	6.240	6.720
97.000	5.335	5.820	6.305	6.790
98.000	5.390	5.880	6.370	6.860
99.000	5.445	5.940	6.435	6.930
100.000	5.500	6.000	6.500	7.000
	5.50 o/o	6 o/o	6.50 o/o	7 o/o

Montant des fractions de part	MONTANT DES DROITS AU TAUX DE :			
	5.50 o/o	6 o/o	6.50 o/o	7 o/o
fr.	fr.	fr.	fr.	fr.
101.000	5.555	6.060	6.565	7.070
102.000	5.610	6.120	6.630	7.140
103.000	5.665	6.180	6.695	7.210
104.000	5.720	6.240	6.760	7.280
105.000	5.775	6.300	6.825	7.350
106.000	5.830	6.360	6.890	7.420
107.000	5.885	6.420	6.955	7.490
108.000	5.940	6.480	7.020	7.560
109.000	5.995	6.540	7.085	7.630
110.000	6.050	6.600	7.150	7.700
111.000	6.105	6.660	7.215	7.770
112.000	6.160	6.720	7.280	7.840
113.000	6.215	6.780	7.345	7.910
114.000	6.270	6.840	7.410	7.980
115.000	6.325	6.900	7.475	8.050
116.000	6.380	6.960	7.540	8.120
117.000	6.435	7.020	7.605	8.190
118.000	6.490	7.080	7.670	8.260
119.000	6.545	7.140	7.735	8.330
120.000	6.600	7.200	7.800	8.400
121.000	6.655	7.260	7.865	8.470
122.000	6.710	7.320	7.930	8.540
123.000	6.765	7.380	7.995	8.610
124.000	6.820	7.440	8.060	8.680
125.000	6.875	7.500	8.125	8.750
126.000	6.930	7.560	8.190	8.820
127.000	6.985	7.620	8.255	8.890
128.000	7.040	7.680	8.320	8.960
129.000	7.095	7.740	8.385	9.030
130.000	7.150	7.800	8.450	9.100
131.000	7.205	7.860	8.515	9.170
132.000	7.260	7.920	8.580	9.240
133.000	7.315	7.980	8.645	9.310
134.000	7.370	8.040	8.710	9.380
135.000	7.425	8.100	8.775	9.450
136.000	7.480	8.160	8.840	9.520
137.000	7.535	8.220	8.905	9.590
138.000	7.590	8.280	8.970	9.660
139.000	7.645	8.340	9.035	9.730
140.000	7.700	8.400	9.100	9.800
141.000	7.755	8.460	9.165	9.870
142.000	7.810	8.520	9.230	9.940
143.000	7.865	8.580	9.295	10.010
144.000	7.920	8.640	9.360	10.080
145.000	7.975	8.700	9.425	10.150
146.000	8.030	8.760	9.490	10.220
147.000	8.085	8.820	9.555	10.290
148.000	8.140	8.880	9.620	10.360
149.000	8.195	8.940	9.685	10.430
150.000	8.250	9.000	9.750	10.500
	5.50 o/o	6 o/o	6.50 o/o	7 o/o

Montant des droits sur les parts nettes ci-après :

Part	Droits	Part	Droits	Part	Droits	Part	Droits	Part	Droits	Parts	Droits	Part	Droits
1ers 2.000 fr.	75 fr.	1ers 10.000 fr.	395 fr.	1ers 50.000 fr.	2.195 fr.	1ers 100.000 fr.	4.695 fr.	1ers 250.000 fr.	12.945 fr.	1ers 500.000 fr.	27.945 fr.	1er million	60.445 fr.

TABLEAU 3. — 1re Partie : de 20 fr. à 2.000 fr.

Degrés de Parenté : Entre Frères et Sœurs

TAUX APPLICABLES A LA FRACTION DE PART NETTE COMPRISE ENTRE :

1° 1 fr. et 2.000 fr. Taux : 8.50 o/o ‖ 2° 2.001 fr. et 10.000 fr. Taux : 9 o/o ‖ 3° 10.001 fr. et 50.000 fr. Taux : 9.50 o/o ‖ 4° 50.001 fr. et 100.000 fr. Taux : 10 o/o ‖ 5° 100.001 fr. et 250.000 fr. Taux : 10.50 o/o ‖ 6° 250.001 fr. et 500.000 fr. Taux : 11 o/o ‖ 7° 500.001 fr. et 1 million Taux : 11.50 o/o ‖ 8° au dessus de … Taux : 12…

Montant des fractions de part	MONTANT DES DROITS AU TAUX DE : 8.50 o/o	9 o/o	9.50 o/o	10 o/o	10.50 o/o	11 o/o	11.50 o/o	12 o/o
fr.	fr. c.	fr. c.	fr. c.	fr. c.	fr. c.	fr. c.	fr. c.	fr. c.
20	1.70	1.80	1.90	2 »	2.10	2.20	2.30	2.40
40	3.40	3.60	3.80	4 »	4.20	4.40	4.60	4.80
60	5.10	5.40	5.70	6 »	6.30	6.60	6.90	7.20
80	6.80	7.20	7.60	8 »	8.40	8.80	9.20	9.60
100	8.50	9 »	9.50	10 »	10.50	11 »	11.50	12 »
120	10.20	10.80	11.40	12 »	12.60	13.20	13.80	14.40
140	11.90	12.60	13.30	14 »	14.70	15.40	16.10	16.80
160	13.60	14.40	15.20	16 »	16.80	17.60	18.40	19.20
180	15.30	16.20	17.10	18 »	18.90	19.80	20.70	21.60
200	17 »	18 »	19 »	20 »	21 »	22 »	23 »	24 »
220	18.70	19.80	20.90	22 »	23.10	24.20	25.30	26.40
240	20.40	21.60	22.80	24 »	25.20	26.40	27.60	28.80
260	22.10	23.40	24.70	26 »	27.30	28.60	29.90	31.20
280	23.80	25.20	26.60	28 »	29.40	30.80	32.20	33.60
300	25.50	27 »	28.50	30 »	31.50	33 »	34.50	36 »
320	27.20	28.80	30.40	32 »	33.60	35.20	36.80	38.40
340	28.90	30.60	32.30	34 »	35.70	37.40	39.10	40.80
360	30.60	32.40	34.20	36 »	37.80	39.60	41.40	43.20
380	32.30	34.20	36.10	38 »	39.90	41.80	43.70	45.60
400	34 »	36 »	38 »	40 »	42 »	44 »	46 »	48 »
420	35.70	37.80	39.90	42 »	44.10	46.20	48.30	50.40
440	37.40	39.60	41.80	44 »	46.20	48.40	50.60	52.80
460	39.10	41.40	43.70	46 »	48.30	50.60	52.90	55.20
480	40.80	43.20	45.60	48 »	50.40	52.80	55.20	57.60
500	42.50	45 »	47.50	50 »	52.50	55 »	57.50	60 »
520	44.20	46.80	49.40	52 »	54.60	57.20	59.80	62.40
540	45.90	48.60	51.30	54 »	56.70	59.40	62.10	64.80
560	47.60	50.40	53.20	56 »	58.80	61.60	64.40	67.20
580	49.30	52.20	55.10	58 »	60.90	63.80	66.70	69.60
600	51 »	54 »	57 »	60 »	63 »	66 »	69 »	72 »
620	52.70	55.80	58.90	62 »	65.10	68.20	71.30	74.40
640	54.40	57.60	60.80	64 »	67.20	70.40	73.60	76.80
660	56.10	59.40	62.70	66 »	69.30	72.60	75.90	79.20
680	57.80	61.20	64.60	68 »	71.40	74.80	78.20	81.60
700	59.50	63 »	66.50	70 »	73.50	77 »	80.50	84 »
720	61.20	64.80	68.40	72 »	75.60	79.20	82.80	86.40
740	62.90	66.60	70.30	74 »	77.70	81.40	85.10	88.80
760	64.60	68.40	72.20	76 »	79.80	83.60	87.40	91.20
780	66.30	70.20	74.10	78 »	81.90	85.80	89.70	93.60
800	68 »	72 »	76 »	80 »	84 »	88 »	92 »	96 »
820	69.70	73.80	77.90	82 »	86.10	90.20	94.30	98.40
840	71.40	75.60	79.80	84 »	88.20	92.40	96.60	100.80
860	73.10	77.40	81.70	86 »	90.30	94.60	98.90	103.20
880	74.80	79.20	83.60	88 »	92.40	96.80	101.20	105.60
900	76.50	81 »	85.50	90 »	94.50	99 »	103.50	108 »
920	78.20	82.80	87.40	92 »	96.60	101.20	105.80	110.40
940	79.90	84.60	89.30	94 »	98.70	103.40	108.10	112.80
960	81.60	86.40	91.20	96 »	100.80	105.60	110.40	115.20
980	83.30	88.20	93.10	98 »	102.90	107.80	112.70	117.60
1.000	85 »	90 »	95 »	100 »	105 »	110 »	115 »	120 »
	8.50 o/o	9 o/o	9.50 o/o	10 o/o	10.50 o/o	11 o/o	11.50 o/o	12 o/o

Montant des fractions de part	MONTANT DES DROITS AU TAUX DE : 8.50 o/o	9 o/o	9.50 o/o	10 o/o	10.50 o/o	11 o/o	11.50 o/o	12 o/o
fr.	fr. c.	fr. c.	fr. c.	fr. c.	fr. c.	fr. c.	fr. c.	fr. c.
1.020	86.70	91.80	96.90	102 »	107.10	112.20	117.30	122.40
1.040	88.40	93.60	98.80	104 »	109.20	114.40	119.60	124.80
1.060	90.10	95.40	100.70	106 »	111.30	116.60	121.90	127.20
1.080	91.80	97.20	102.60	108 »	113.40	118.80	124.20	129.60
1.100	93.50	99 »	104.50	110 »	115.50	121 »	126.50	132 »
1.120	95.20	100.80	106.40	112 »	117.60	123.20	128.80	134.40
1.140	96.90	102.60	108.30	114 »	119.70	125.40	131.10	136.80
1.160	98.60	104.40	110.20	116 »	121.80	127.60	133.40	139.20
1.180	100.30	106.20	112.10	118 »	123.90	129.80	135.70	141.60
1.200	102 »	108 »	114 »	120 »	126 »	132 »	138 »	144 »
1.220	103.70	109.80	115.90	122 »	128.10	134.20	140.30	146.40
1.240	105.40	111.60	117.80	124 »	130.20	136.40	142.60	148.80
1.260	107.10	113.40	119.70	126 »	132.30	138.60	144.90	151.20
1.280	108.80	115.20	121.60	128 »	134.40	140.80	147.20	153.60
1.300	110.50	117 »	123.50	130 »	136.50	143 »	149.50	156 »
1.320	112.20	118.80	125.40	132 »	138.60	145.20	151.80	158.40
1.340	113.90	120.60	127.30	134 »	140.70	147.40	154.10	160.80
1.360	115.60	122.40	129.20	136 »	142.80	149.60	156.40	163.20
1.380	117.30	124.20	131.10	138 »	144.90	151.80	158.70	165.60
1.400	119 »	126 »	133 »	140 »	147 »	154 »	161 »	168 »
1.420	120.70	127.80	134.90	142 »	149.10	156.20	163.30	170.40
1.440	122.40	129.60	136.80	144 »	151.20	158.40	165.60	172.80
1.460	124.10	131.40	138.70	146 »	153.30	160.60	167.90	175.20
1.480	125.80	133.20	140.60	148 »	155.40	162.80	170.20	177.60
1.500	127.50	135 »	142.50	150 »	157.50	165 »	172.50	180 »
1.520	129.20	136.80	144.40	152 »	159.60	167.20	174.80	182.40
1.540	130.90	138.60	146.30	154 »	161.70	169.40	177.10	184.80
1.560	132.60	140.40	148.20	156 »	163.80	171.60	179.40	187.20
1.580	134.30	142.20	150.10	158 »	165.90	173.80	181.70	189.60
1.600	136 »	144 »	152 »	160 »	168 »	176 »	184 »	192 »
1.620	137.70	145.80	153.90	162 »	170.10	178.20	186.30	194.40
1.640	139.40	147.60	155.80	164 »	172.20	180.40	188.60	196.80
1.660	141.10	149.40	157.70	166 »	174.30	182.60	190.90	199.20
1.680	142.80	151.20	159.60	168 »	176.40	184.80	193.20	201.60
1.700	144.50	153 »	161.50	170 »	178.50	187 »	195.50	204 »
1.720	146.20	154.80	163.40	172 »	180.60	189.20	197.80	206.40
1.740	147.90	156.60	165.30	174 »	182.70	191.40	200.10	208.80
1.760	149.60	158.40	167.20	176 »	184.80	193.60	202.40	211.20
1.780	151.30	160.20	169.10	178 »	186.90	195.80	204.70	213.60
1.800	153 »	162 »	171 »	180 »	189 »	198 »	207 »	216 »
1.820	154.70	163.80	172.90	182 »	191.10	200.20	209.30	218.40
1.840	156.40	165.60	174.80	184 »	193.20	202.40	211.60	220.80
1.860	158.10	167.40	176.70	186 »	195.30	204.60	213.90	223.20
1.880	159.80	169.20	178.60	188 »	197.40	206.80	216.20	225.60
1.900	161.50	171 »	180.50	190 »	199.50	209 »	218.50	228 »
1.920	163.20	172.80	182.40	192 »	201.60	211.20	220.80	230.40
1.940	164.90	174.60	184.30	194 »	203.70	213.40	223.10	232.80
1.960	166.60	176.40	186.20	196 »	205.80	215.60	225.40	235.20
1.980	168.30	178.20	188.10	198 »	207.90	217.80	227.70	237.60
2.000	170 »	180 »	190 »	200 »	210 »	220 »	230 »	240 »
	8.50 o/o	9 o/o	9.50 o/o	10 o/o	10.50 o/o	11 o/o	11.50 o/o	12 o/o

Montant des droits sur les parts nettes ci-après :

Part	Droits	Part	Droits	Part	Droits	Part	Droits
1ers 2.000 fr.	170 fr.	1ers 10.000 fr.	890 fr.	1ers 50.000 fr.	4.690 fr.	1ers 100.000 fr.	9.690 fr.

TABLEAU 3. — 2e Partie : de 3.000 fr. à 150.000

Degrés de Parenté : Entre Frères et Sœurs.

Montant des fractions de part	MONTANT DES DROITS AU TAUX DE : 9 o/o	9.50 o/o	10 o/o	10.50 o/o	11 o/o	11.50 o/o	12 o/o
fr.	fr.	fr.	fr.	fr.	fr.	fr.	fr.
....	......	......	......	......	......	......	......
....	......	......	......	......	......	......	......
3.000	270	285	300	315	330	345	360
4.000	360	380	400	420	440	460	480
5.000	450	475	500	525	550	575	600
6.000	540	570	600	630	660	690	720
7.000	630	665	700	735	770	805	840
8.000	720	760	800	840	880	920	960
9.000	......	855	900	945	990	1.035	1.080
10.000	......	950	1.000	1.050	1.100	1.150	1.200
11.000	......	1.045	1.100	1.155	1.210	1.265	1.320
12.000	......	1.140	1.200	1.260	1.320	1.380	1.440
13.000	......	1.235	1.300	1.365	1.430	1.495	1.560
14.000	......	1.330	1.400	1.470	1.540	1.610	1.680
15.000	......	1.425	1.500	1.575	1.650	1.725	1.800
16.000	......	1.520	1.600	1.680	1.760	1.840	1.920
17.000	......	1.615	1.700	1.785	1.870	1.955	2.040
18.000	......	1.710	1.800	1.890	1.980	2.070	2.160
19.000	......	1.805	1.900	1.995	2.090	2.185	2.280
20.000	......	1.900	2.000	2.100	2.200	2.300	2.400
21.000	......	1.995	2.100	2.205	2.310	2.415	2.520
22.000	......	2.090	2.200	2.310	2.420	2.530	2.640
23.000	......	2.185	2.300	2.415	2.530	2.645	2.760
24.000	......	2.280	2.400	2.520	2.640	2.760	2.880
25.000	......	2.375	2.500	2.625	2.750	2.875	3.000
26.000	......	2.470	2.600	2.730	2.860	2.990	3.120
27.000	......	2.565	2.700	2.835	2.970	3.105	3.240
28.000	......	2.660	2.800	2.940	3.080	3.220	3.360
29.000	......	2.755	2.900	3.045	3.190	3.335	3.480
30.000	......	2.850	3.000	3.150	3.300	3.450	3.600
31.000	......	2.945	3.100	3.255	3.410	3.565	3.720
32.000	......	3.040	3.200	3.360	3.520	3.680	3.840
33.000	......	3.135	3.300	3.465	3.630	3.795	3.960
34.000	......	3.230	3.400	3.570	3.740	3.910	4.080
35.000	......	3.325	3.500	3.675	3.850	4.025	4.200
36.000	......	3.420	3.600	3.780	3.960	4.140	4.320
37.000	......	3.515	3.700	3.885	4.070	4.255	4.440
38.000	......	3.610	3.800	3.990	4.180	4.370	4.560
39.000	......	3.705	3.900	4.095	4.290	4.485	4.680
40.000	......	3.800	4.000	4.200	4.400	4.600	4.800
41.000	......	......	4.100	4.305	4.510	4.715	4.920
42.000	......	......	4.200	4.410	4.620	4.830	5.040
43.000	......	......	4.300	4.515	4.730	4.945	5.160
44.000	......	......	4.400	4.620	4.840	5.060	5.280
45.000	......	......	4.500	4.725	4.950	5.175	5.400
46.000	......	......	4.600	4.830	5.060	5.290	5.520
47.000	......	......	4.700	4.935	5.170	5.405	5.640
48.000	......	......	4.800	5.040	5.280	5.520	5.760
49.000	......	......	4.900	5.145	5.390	5.635	5.880
50.000	......	......	5.000	5.250	5.500	5.750	6.000
	9 o/o	9.50 o/o	10 o/o	10.50 o/o	11 o/o	11.50 o/o	12 o/o

Montant des fractions de part	MONTANT DES DROITS AU TAUX DE : 10.50 o/o	11 o/o	11.50 o/o	12 o/o
fr.	fr.	fr.	fr.	fr.
51.000	5.355	5.610	5.865	6.120
52.000	5.460	5.720	5.980	6.240
53.000	5.565	5.830	6.095	6.360
54.000	5.670	5.940	6.210	6.480
55.000	5.775	6.050	6.325	6.600
56.000	5.880	6.160	6.440	6.720
57.000	5.985	6.270	6.555	6.840
58.000	6.090	6.380	6.670	6.960
59.000	6.195	6.490	6.785	7.080
60.000	6.300	6.600	6.900	7.200
61.000	6.405	6.710	7.015	7.320
62.000	6.510	6.820	7.130	7.440
63.000	6.615	6.930	7.245	7.560
64.000	6.720	7.040	7.360	7.680
65.000	6.825	7.150	7.475	7.800
66.000	6.930	7.260	7.590	7.920
67.000	7.035	7.370	7.705	8.040
68.000	7.140	7.480	7.820	8.160
69.000	7.245	7.590	7.935	8.280
70.000	7.350	7.700	8.050	8.400
71.000	7.455	7.810	8.165	8.520
72.000	7.560	7.920	8.280	8.640
73.000	7.665	8.030	8.395	8.760
74.000	7.770	8.140	8.510	8.880
75.000	7.875	8.250	8.625	9.000
76.000	7.980	8.360	8.740	9.120
77.000	8.085	8.470	8.855	9.240
78.000	8.190	8.580	8.970	9.360
79.000	8.295	8.690	9.085	9.480
80.000	8.400	8.800	9.200	9.600
81.000	8.505	8.910	9.315	9.720
82.000	8.610	9.020	9.430	9.840
83.000	8.715	9.130	9.545	9.960
84.000	8.820	9.240	9.660	10.080
85.000	8.925	9.350	9.775	10.200
86.000	9.030	9.460	9.890	10.320
87.000	9.135	9.570	10.005	10.440
88.000	9.240	9.680	10.120	10.560
89.000	9.345	9.790	10.235	10.680
90.000	9.450	9.900	10.350	10.800
91.000	9.555	10.010	10.465	10.920
92.000	9.660	10.120	10.580	11.040
93.000	9.765	10.230	10.695	11.160
94.000	9.870	10.340	10.810	11.280
95.000	9.975	10.450	10.925	11.400
96.000	10.080	10.560	11.040	11.520
97.000	10.185	10.670	11.155	11.640
98.000	10.290	10.780	11.270	11.760
99.000	10.395	10.890	11.385	11.880
100.000	10.500	11.000	11.500	12.000
	10.50 o/o	11 o/o	11.50 o/o	12 o/o

Montant des fractions de part	MONTANT DES DROITS AU TAUX DE : 10.50 o/o	11 o/o
fr.	fr.	fr.
101.000	10.605	11.110
102.000	10.710	11.220
103.000	10.815	11.330
104.000	10.920	11.440
105.000	11.025	11.550
106.000	11.130	11.660
107.000	11.235	11.770
108.000	11.340	11.880
109.000	11.445	11.990
110.000	11.550	12.100
111.000	11.655	12.210
112.000	11.760	12.320
113.000	11.865	12.430
114.000	11.970	12.540
115.000	12.075	12.650
116.000	12.180	12.760
117.000	12.285	12.870
118.000	12.390	12.980
119.000	12.495	13.090
120.000	12.600	13.200
121.000	12.705	13.310
122.000	12.810	13.420
123.000	12.915	13.530
124.000	13.020	13.640
125.000	13.125	13.750
126.000	13.230	13.860
127.000	13.335	13.970
128.000	13.440	14.080
129.000	13.545	14.190
130.000	13.650	14.300
131.000	13.755	14.410
132.000	13.860	14.520
133.000	13.965	14.630
134.000	14.070	14.740
135.000	14.175	14.850
136.000	14.280	14.960
137.000	14.385	15.070
138.000	14.490	15.180
139.000	14.595	15.290
140.000	14.700	15.400
141.000	14.805	15.510
142.000	14.910	15.620
143.000	15.015	15.730
144.000	15.120	15.840
145.000	15.225	15.950
146.000	15.330	16.060
147.000	15.435	16.170
148.000	15.540	16.280
149.000	15.645	16.390
150.000	15.750	16.500
	10.50 o/o	11 o/o

Montant des droits sur les parts nettes ci-après :

Part	Droits	Part	Droits	Part	Droits
1ers 250.000 fr.	25.440 fr.	1ers 500.000 fr.	52.940 fr.	1er million	110.440 fr.

TABLEAU 4. — 1re Partie : de 20 fr. à 2.000 fr.

Degrés de Parenté : Entre Oncles ou Tantes et Neveux ou Nièces.

TAUX APPLICABLES A LA FRACTION DE PART NETTE COMPRISE ENTRE :

1° 1 fr. et 2.000 fr. Taux : 10 o/o || 2° 2.001 fr. et 10.000 fr. Taux : 10.50 o/o || 3° 10.001 fr. et 50.000 fr. Taux : 11 o/o || 4° 50.001 fr. et 100.000 fr. Taux : 11.50 o/o

Montant des fractions de part	MONTANT DES DROITS AU TAUX DE :								Montant des fractions de part	MONTANT DES DROITS AU TAUX DE :							
	10 o/o	10.50 o/o	11 o/o	11.50 o/o	12 o/o	12.50 o/o	13 o/o	13.50 o/o		10 o/o	10.50 o/o	11 o/o	11.50 o/o	12 o/o	12.50 o/o	13 o/o	13.50 o/o
fr.	fr.	fr. c.	fr. c.	fr. c.	fr. c.	fr. c.	fr. c.	fr. c.	fr.	fr.	fr. c.	fr. c.	fr. c.	fr. c.	fr. c.	fr. c.	fr. c.
…0	2 »	2.10	2.20	2.30	2.40	2.50	2.60	2.70	1.020	102 »	107.10	112.20	117.30	122.40	127.50	132.60	137.70
…0	4 »	4.20	4.40	4.60	4.80	5 »	5.20	5.40	1.040	104 »	109.20	114.40	119.60	124.80	130 »	135.20	140.40
…0	6 »	6.30	6.60	6.90	7.20	7.50	7.80	8.10	1.060	106 »	111.30	116.60	121.90	127.20	132.50	137.80	143.10
…0	8 »	8.40	8.80	9.20	9.60	10 »	10.40	10.80	1.080	108 »	113.40	118.80	124.20	129.60	135 »	140.40	145.80
…0	10 »	10.50	11 »	11.50	12 »	12.50	13 »	13.50	1.100	110 »	115.50	121 »	126.50	132 »	137.50	143 »	148.50
…0	12 »	12.60	13.20	13.80	14.40	15 »	15.60	16.20	1.120	112 »	117.60	123.20	128.80	134.40	140 »	145.60	151.20
…0	14 »	14.70	15.40	16.10	16.80	17.50	18.20	18.90	1.140	114 »	119.70	125.40	131.10	136.80	142.50	148.20	153.90
…0	16 »	16.80	17.60	18.40	19.20	20 »	20.80	21.60	1.160	116 »	121.80	127.60	133.40	139.20	145 »	150.80	156.60
…0	18 »	18.90	19.80	20.70	21.60	22.50	23.40	24.30	1.180	118 »	123.90	129.80	135.70	141.60	147.50	153.40	159.30
…0	20 »	21 »	22 »	23 »	24 »	25 »	26 »	27 »	1.200	120 »	126 »	132 »	138 »	144 »	150 »	156 »	162 »
…0	22 »	23.10	24.20	25.30	26.40	27.50	28.60	29.70	1.220	122 »	128.10	134.20	140.30	146.40	152.50	158.60	164.70
…0	24 »	25.20	26.40	27.60	28.80	30 »	31.20	32.40	1.240	124 »	130.20	136.40	142.60	148.80	155 »	161.20	167.40
…0	26 »	27.30	28.60	29.90	31.20	32.50	33.80	35.10	1.260	126 »	132.30	138.60	144.90	151.20	157.50	163.80	170.10
…0	28 »	29.40	30.80	32.20	33.60	35 »	36.40	37.80	1.280	128 »	134.40	140.80	147.20	153.60	160 »	166.40	172.80
…0	30 »	31.50	33 »	34.50	36 »	37.50	39 »	40.50	1.300	130 »	136.50	143 »	149.50	156 »	162.50	169 »	175.50
…0	32 »	33.60	35.20	36.80	38.40	40 »	41.60	43.20	1.320	132 »	138.60	145.20	151.80	158.40	165 »	171.60	178.20
…0	34 »	35.70	37.40	39.10	40.80	42.50	44.20	45.90	1.340	134 »	140.70	147.40	154.10	160.80	167.50	174.20	180.90
…0	36 »	37.80	39.60	41.40	43.20	45 »	46.80	48.60	1.360	136 »	142.80	149.60	156.40	163.20	170 »	176.80	183.60
…0	38 »	39.90	41.80	43.70	45.60	47.50	49.40	51.30	1.380	138 »	144.90	151.80	158.70	165.60	172.50	179.40	186.30
…0	40 »	42 »	44 »	46 »	48 »	50 »	52 »	54 »	1.400	140 »	147 »	154 »	161 »	168 »	175 »	182 »	189 »
…0	42 »	44.10	46.20	48.30	50.40	52.50	54.60	56.70	1.420	142 »	149.10	156.20	163.30	170.40	177.50	184.60	191.70
…0	44 »	46.20	48.40	50.60	52.80	55 »	57.20	59.40	1.440	144 »	151.20	158.40	165.60	172.80	180 »	187.20	194.40
…0	46 »	48.30	50.60	52.90	55.20	57.50	59.80	62.10	1.460	146 »	153.30	160.60	167.90	175.20	182.50	189.80	197.10
…0	48 »	50.40	52.80	55.20	57.60	60 »	62.40	64.80	1.480	148 »	155.40	162.80	170.20	177.60	185 »	192.40	199.80
…0	50 »	52.50	55 »	57.50	60 »	62.50	65 »	67.50	1.500	150 »	157.50	165 »	172.50	180 »	187.50	195 »	202.50
…0	52 »	54.60	57.20	59.80	62.40	65 »	67.60	70.20	1.520	152 »	159.60	167.20	174.80	182.40	190 »	197.60	205.20
…0	54 »	56.70	59.40	62.10	64.80	67.50	70.20	72.90	1.540	154 »	161.70	169.40	177.10	184.80	192.50	200.20	207.90
…0	56 »	58.80	61.60	64.40	67.20	70 »	72.80	75.60	1.560	156 »	163.80	171.60	179.40	187.20	195 »	202.80	210.60
…0	58 »	60.90	63.80	66.70	69.60	72.50	75.40	78.30	1.580	158 »	165.90	173.80	181.70	189.60	197.50	205.40	213.30
…0	60 »	63 »	66 »	69 »	72 »	75 »	78 »	81 »	1.600	160 »	168 »	176 »	184 »	192 »	200 »	208 »	216 »
…0	62 »	65.10	68.20	71.30	74.40	77.50	80.60	83.70	1.620	162 »	170.10	178.20	186.30	194.40	202.50	210.60	218.70
…0	64 »	67.20	70.40	73.60	76.80	80 »	83.20	86.40	1.640	164 »	172.20	180.40	188.60	196.80	205 »	213.20	221.40
…0	66 »	69.30	72.60	75.90	79.20	82.50	85.80	89.10	1.660	166 »	174.30	182.60	190.90	199.20	207.50	215.80	224.10
…0	68 »	71.40	74.80	78.20	81.60	85 »	88.40	91.80	1.680	168 »	176.40	184.80	193.20	201.60	210 »	218.40	226.80
…0	70 »	73.50	77 »	80.50	84 »	87.50	91 »	94.50	1.700	170 »	178.50	187 »	195.50	204 »	212.50	221 »	229.50
…0	72 »	75.60	79.20	82.80	86.40	90 »	93.60	97.20	1.720	172 »	180.60	189.20	197.80	206.40	215 »	223.60	232.20
…0	74 »	77.70	81.40	85.10	88.80	92.50	96.20	99.90	1.740	174 »	182.70	191.40	200.10	208.80	217.50	226.20	234.90
…0	76 »	79.80	83.60	87.40	91.20	95 »	98.80	102.60	1.760	176 »	184.80	193.60	202.40	211.20	220 »	228.80	237.60
…0	78 »	81.90	85.80	89.70	93.60	97.50	101.40	105.30	1.780	178 »	186.90	195.80	204.70	213.60	222.50	231.40	240.30
…0	80 »	84 »	88 »	92 »	96 »	100 »	104 »	108 »	1.800	180 »	189 »	198 »	207 »	216 »	225 »	234 »	243 »
…0	82 »	86.10	90.20	94.30	98.40	102.50	106.60	110.70	1.820	182 »	191.10	200.20	209.30	218.40	227.50	236.60	245.70
…0	84 »	88.20	92.40	96.60	100.80	105 »	109.20	113.40	1.840	184 »	193.20	202.40	211.60	220.80	230 »	239.20	248.40
…0	86 »	90.30	94.60	98.90	103.20	107.50	111.80	116.10	1.860	186 »	195.30	204.60	213.90	223.20	232.50	241.80	251.10
…0	88 »	92.40	96.80	101.20	105.60	110 »	114.40	118.80	1.880	188 »	197.40	206.80	216.20	225.60	235 »	244.40	253.80
…0	90 »	94.50	99 »	103.50	108 »	112.50	117 »	121.50	1.900	190 »	199.50	209 »	218.50	228 »	237.50	247 »	256.50
…0	92 »	96.60	101.20	105.80	110.40	115 »	119.60	124.20	1.920	192 »	201.60	211.20	220.80	230.40	240 »	249.60	259.20
…0	94 »	98.70	103.40	108.10	112.80	117.50	122.20	126.90	1.940	194 »	203.70	213.40	223.10	232.80	242.50	252.20	261.90
…0	96 »	100.80	105.60	110.40	115.20	120 »	124.80	129.60	1.960	196 »	205.80	215.60	225.40	235.20	245 »	254.80	264.60
…0	98 »	102.90	107.80	112.70	117.60	122.50	127.40	132.30	1.980	198 »	207.90	217.80	227.70	237.60	247.50	257.40	267.30
…0	100 »	105 »	110 »	115 »	120 »	125 »	130 »	135 »	2.000	200 »	210 »	220 »	230 »	240 »	250 »	260 »	270 »
	10 o/o	10.50 o/o	11 o/o	11.50 o/o	12 o/o	12.50 o/o	13 o/o	13.50 o/o		10 o/o	10.50 o/o	11 o/o	11.50 o/o	12 o/o	12.50 o/o	13 o/o	13.50 o/o

Montant des droits sur les parts nettes ci-après :

Part	Droits	Part	Droits	Part	Droits	Part	Droits
1res 2.000 fr.	200 fr.	1res 10.000 fr.	1.040 fr.	1res 50.000	5.440 fr.	1res 100.000 fr.	11.190 fr.

TABLEAU 4. — 2e Partie : de 3.000 fr. à 150.000 fr.

Degrés de Parenté : Entre Oncles ou Tantes et Neveux ou Nièces.

5° 100.001 fr. et 250.000 fr. Taux : 12 o/o || 6° 250.001 fr. et 500.000 fr. Taux : 12.50 o/o || 7° 500.001 fr. et 1 million Taux : 13 o/o || 8° au-dessus de 1 million Taux : 13.50 o/o

Montant des fractions de part	MONTANT DES DROITS AU TAUX DE :							Montant des fractions de part	MONTANT DES DROITS AU TAUX DE :				Montant des fractions de part	MONTANT DES DROITS AU TAUX DE :			
	10.50 o/o	11 o/o	11.50 o/o	12 o/o	12.50 o/o	13 o/o	13.50 o/o		12 o/o	12.50 o/o	13 o/o	13.50 o/o		12 o/o	12.50 o/o	13 o/o	13.50 o/o
fr.	fr.	fr.	fr.	fr.	fr.	fr.	fr.	fr.	fr.	fr.	fr.	fr.	fr.	fr.	fr.	fr.	fr.
....	......	......	......	......	......	......	......	51.000	6.120	6.375	6.630	6.885	101.000	12.120	12.625	13.130	13.635
....	......	......	......	......	......	......	......	52.000	6.240	6.500	6.760	7.020	102.000	12.240	12.750	13.260	13.770
3.000	315	330	345	360	375	390	405	53.000	6.360	6.625	6.890	7.155	103.000	12.360	12.875	13.390	13.905
4.000	420	440	460	480	500	520	540	54.000	6.480	6.750	7.020	7.290	104.000	12.480	13.000	13.520	14.040
5.000	525	550	575	600	625	650	675	55.000	6.600	6.875	7.150	7.425	105.000	12.600	13.125	13.650	14.175
6.000	630	660	690	720	750	780	810	56.000	6.720	7.000	7.280	7.560	106.000	12.720	13.250	13.780	14.310
7.000	735	770	805	840	875	910	945	57.000	6.840	7.125	7.410	7.695	107.000	12.840	13.375	13.910	14.445
8.000	840	880	920	960	1.000	1.040	1.080	58.000	6.960	7.250	7.540	7.830	108.000	12.960	13.500	14.040	14.580
9.000	......	990	1.035	1.080	1.125	1.170	1.215	59.000	7.080	7.375	7.670	7.965	109.000	13.080	13.625	14.170	14.715
10.000	......	1.100	1.150	1.200	1.250	1.300	1.350	60.000	7.200	7.500	7.800	8.100	110.000	13.200	13.750	14.300	14.850
11.000	......	1.210	1.265	1.320	1.375	1.430	1.485	61.000	7.320	7.625	7.930	8.235	111.000	13.320	13.875	14.430	14.985
12.000	......	1.320	1.380	1.440	1.500	1.560	1.620	62.000	7.440	7.750	8.060	8.370	112.000	13.440	14.000	14.560	15.120
13.000	......	1.430	1.495	1.560	1.625	1.690	1.755	63.000	7.560	7.875	8.190	8.505	113.000	13.560	14.125	14.690	15.255
14.000	......	1.540	1.610	1.680	1.750	1.820	1.890	64.000	7.680	8.000	8.320	8.640	114.000	13.680	14.250	14.820	15.390
15.000	......	1.650	1.725	1.800	1.875	1.950	2.025	65.000	7.800	8.125	8.450	8.775	115.000	13.800	14.375	14.950	15.525
16.000	......	1.760	1.840	1.920	2.000	2.080	2.160	66.000	7.920	8.250	8.580	8.910	116.000	13.920	14.500	15.080	15.660
17.000	......	1.870	1.955	2.040	2.125	2.210	2.295	67.000	8.040	8.375	8.710	9.045	117.000	14.040	14.625	15.210	15.795
18.000	......	1.980	2.070	2.160	2.250	2.340	2.430	68.000	8.160	8.500	8.840	9.180	118.000	14.160	14.750	15.340	15.930
19.000	......	2.090	2.185	2.280	2.375	2.470	2.565	69.000	8.280	8.625	8.970	9.315	119.000	14.280	14.875	15.470	16.065
20.000	......	2.200	2.300	2.400	2.500	2.600	2.700	70.000	8.400	8.750	9.100	9.450	120.000	14.400	15.000	15.600	16.200
21.000	......	2.310	2.415	2.520	2.625	2.730	2.835	71.000	8.520	8.875	9.230	9.585	121.000	14.520	15.125	15.730	16.335
22.000	......	2.420	2.530	2.640	2.750	2.860	2.970	72.000	8.640	9.000	9.360	9.720	122.000	14.640	15.250	15.860	16.470
23.000	......	2.530	2.645	2.760	2.875	2.990	3.105	73.000	8.760	9.125	9.490	9.855	123.000	14.760	15.375	15.990	16.605
24.000	......	2.640	2.760	2.880	3.000	3.120	3.240	74.000	8.880	9.250	9.620	9.990	124.000	14.880	15.500	16.120	16.740
25.000	......	2.750	2.875	3.000	3.125	3.250	3.375	75.000	9.000	9.375	9.750	10.125	125.000	15.000	15.625	16.250	16.875
26.000	......	2.860	2.990	3.120	3.250	3.380	3.510	76.000	9.120	9.500	9.880	10.260	126.000	15.120	15.750	16.380	17.010
27.000	......	2.970	3.105	3.240	3.375	3.510	3.645	77.000	9.240	9.625	10.010	10.395	127.000	15.240	15.875	16.510	17.145
28.000	......	3.080	3.220	3.360	3.500	3.640	3.780	78.000	9.360	9.750	10.140	10.530	128.000	15.360	16.000	16.640	17.280
29.000	......	3.190	3.335	3.480	3.625	3.770	3.915	79.000	9.480	9.875	10.270	10.665	129.000	15.480	16.125	16.770	17.415
30.000	......	3.300	3.450	3.600	3.750	3.900	4.050	80.000	9.600	10.000	10.400	10.800	130.000	15.600	16.250	16.900	17.550
31.000	......	3.410	3.565	3.720	3.875	4.030	4.185	81.000	9.720	10.125	10.530	10.935	131.000	15.720	16.375	17.030	17.685
32.000	......	3.520	3.680	3.840	4.000	4.160	4.320	82.000	9.840	10.250	10.660	11.070	132.000	15.840	16.500	17.160	17.820
33.000	......	3.630	3.795	3.960	4.125	4.290	4.455	83.000	9.960	10.375	10.790	11.205	133.000	15.960	16.625	17.290	17.955
34.000	......	3.740	3.910	4.080	4.250	4.420	4.590	84.000	10.080	10.500	10.920	11.340	134.000	16.080	16.750	17.420	18.090
35.000	......	3.850	4.025	4.200	4.375	4.550	4.725	85.000	10.200	10.625	11.050	11.475	135.000	16.200	16.875	17.550	18.225
36.000	......	3.960	4.140	4.320	4.500	4.680	4.860	86.000	10.320	10.750	11.180	11.610	136.000	16.320	17.000	17.680	18.360
37.000	......	4.070	4.255	4.440	4.625	4.810	4.995	87.000	10.440	10.875	11.310	11.745	137.000	16.440	17.125	17.810	18.495
38.000	......	4.180	4.370	4.560	4.750	4.940	5.130	88.000	10.560	11.000	11.440	11.880	138.000	16.560	17.250	17.940	18.630
39.000	......	4.290	4.485	4.680	4.875	5.070	5.265	89.000	10.680	11.125	11.570	12.015	139.000	16.680	17.375	18.070	18.765
40.000	......	4.400	4.600	4.800	5.000	5.200	5.400	90.000	10.800	11.250	11.700	12.150	140.000	16.800	17.500	18.200	18.900
41.000	......	......	4.715	4.920	5.125	5.330	5.535	91.000	10.920	11.375	11.830	12.285	141.000	16.920	17.625	18.330	19.035
42.000	......	......	4.830	5.040	5.250	5.460	5.670	92.000	11.040	11.500	11.960	12.420	142.000	17.040	17.750	18.460	19.170
43.000	......	......	4.945	5.160	5.375	5.590	5.805	93.000	11.160	11.625	12.090	12.555	143.000	17.160	17.875	18.590	19.305
44.000	......	......	5.060	5.280	5.500	5.720	5.940	94.000	11.280	11.750	12.220	12.690	144.000	17.280	18.000	18.720	19.440
45.000	......	......	5.175	5.400	5.625	5.850	6.075	95.000	11.400	11.875	12.350	12.825	145.000	17.400	18.125	18.850	19.575
46.000	......	......	5.290	5.520	5.750	5.980	6.210	96.000	11.520	12.000	12.480	12.960	146.000	17.520	18.250	18.980	19.710
47.000	......	......	5.405	5.640	5.875	6.110	6.345	97.000	11.640	12.125	12.610	13.095	147.000	17.640	18.375	19.110	19.845
48.000	......	......	5.520	5.760	6.000	6.240	6.480	98.000	11.760	12.250	12.740	13.230	148.000	17.760	18.500	19.240	19.980
49.000	......	......	5.635	5.880	6.125	6.370	6.615	99.000	11.880	12.375	12.870	13.365	149.000	17.880	18.625	19.370	20.115
50.000	......	......	5.750	6.000	6.250	6.500	6.750	100.000	12.000	12.500	13.000	13.500	150.000	18.000	18.750	19.500	20.250
	10.50 o/o	11 o/o	11.50 o/o	12 o/o	12.50 o/o	13 o/o	13.50 o/o		12 o/o	12.50 o/o	13 o/o	13.50 o/o		12 o/o	12.50 o/o	13 o/o	13.50 o/o

Montant des droits sur les parts nettes ci-après :

Part	Droits	Part	Droits	Part	Droits
1res 250.000 fr.	29.190 fr.	1res 500.000 fr.	60.440 fr.	1er million	125.440 fr.

TABLEAU 5. — 1re Partie : de 20 fr. à 2.000 fr.

Degrés de Parenté : Entre Grands-Oncles ou Grand'Tantes, Petits Neveux ou Petites Nièces et entre Cousins Germains

TAUX APPLICABLES A LA FRACTION

1° { 1 fr. et 2.000 fr. Taux : 12 o/o ‖ 2° { 2.001 fr. et 10.000 Taux : 12.50 o/o ‖ 3° { 10.001 fr. et 50.000 fr. Taux : 13 o/o ‖ 4° { 50.001 fr. et 100.000 fr. Taux : 13.50 o/o

Montant des fractions de part	MONTANT DES DROITS AU TAUX DE :							
	12 o/o	12.50 o/o	13 o/o	13.50 o/o	14 o/o	14.50 o/o	15 o/o	15.50 o/o
fr.	fr. c.	fr. c.	fr. c.	fr. c.	fr. c.	fr. c.	fr.	fr. c.
20	2.40	2.50	2.60	2.70	2.80	2.90	3 »	3.10
40	4.80	5 »	5.20	5.40	5.60	5.80	6 »	6.20
60	7.20	7.50	7.80	8.10	8.40	8.70	9 »	9.30
80	9.60	10 »	10.40	10.80	11.20	11.60	12 »	12.40
100	12 »	12.50	13 »	13.50	14 »	14.50	15 »	15.50
120	14.40	15 »	15.60	16.20	16.80	17.40	18 »	18.60
140	16.80	17.50	18.20	18.90	19.60	20.30	21 »	21.70
160	19.20	20 »	20.80	21.60	22.40	23.20	24 »	24.80
180	21.60	22.50	23.40	24.30	25.20	26.10	27 »	27.90
200	24 »	25 »	26 »	27 »	28 »	29 »	30 »	31 »
220	26.40	27.50	28.60	29.70	30.80	31.90	33 »	34.10
240	28.80	30 »	31.20	32.40	33.60	34.80	36 »	37.20
260	31.20	32.50	33.80	35.10	36.40	37.70	39 »	40.30
280	33.60	35 »	36.40	37.80	39.20	40.60	42 »	43.40
300	36 »	37.50	39 »	40.50	42 »	43.50	45 »	46.50
320	38.40	40 »	41.60	43.20	44.80	46.40	48 »	49.60
340	40.80	42.50	44.20	45.90	47.60	49.30	51 »	52.70
360	43.20	45 »	46.80	48.60	50.40	52.20	54 »	55.80
380	45.60	47.50	49.40	51.30	53.20	55.10	57 »	58.90
400	48 »	50 »	52 »	54 »	56 »	58 »	60 »	62 »
420	50.40	52.50	54.60	56.70	58.80	60.90	63 »	65.10
440	52.80	55 »	57.20	59.40	61.60	63.80	66 »	68.20
460	55.20	57.50	59.80	62.10	64.40	66.70	69 »	71.30
480	57.60	60 »	62.40	64.80	67.20	69.60	72 »	74.40
500	60 »	62.50	65 »	67.50	70 »	72.50	75 »	77.50
520	62.40	65 »	67.60	70.20	72.80	75.40	78 »	80.60
540	64.80	67.50	70.20	72.90	75.60	78.30	81 »	83.70
560	67.20	70 »	72.80	75.60	78.40	81.20	84 »	86.80
580	69.60	72.50	75.40	78.30	81.20	84.10	87 »	89.90
600	72 »	75 »	78 »	81 »	84 »	87 »	90 »	93 »
620	74.40	77.50	80.60	83.70	86.80	89.90	93 »	96.10
640	76.80	80 »	83.20	86.40	89.60	92.80	96 »	99.20
660	79.20	82.50	85.80	89.10	92.40	95.70	99 »	102.30
680	81.60	85 »	88.40	91.80	95.20	98.60	102 »	105.40
700	84 »	87.50	91 »	94.50	98 »	101.50	105 »	108.50
720	86.40	90 »	93.60	97.20	100.80	104.40	108 »	111.60
740	88.80	92.50	96.20	99.90	103.60	107.30	111 »	114.70
760	91.20	95 »	98.80	102.60	106.40	110.20	114 »	117.80
780	93.60	97.50	101.40	105.30	109.20	113.10	117 »	120.90
800	96 »	100 »	104 »	108 »	112 »	116 »	120 »	124 »
820	98.40	102.50	106.60	110.70	114.80	118.90	123 »	127.10
840	100.80	105 »	109.20	113.40	117.60	121.80	126 »	130.20
860	103.20	107.50	111.80	116.10	120.40	124.70	129 »	133.30
880	105.60	110 »	114.40	118.80	123.20	127.60	132 »	136.40
900	108 »	112.50	117 »	121.50	126 »	130.50	135 »	139.50
920	110.40	115 »	119.60	124.20	128.80	133.40	138 »	142.60
940	112.80	117.50	122.20	126.90	131.60	136.30	141 »	145.70
960	115.20	120 »	124.80	129.60	134.40	139.20	144 »	148.80
980	117.60	122.50	127.40	132.30	137.20	142.10	147 »	151.90
1.000	120 »	125 »	130 »	135 »	140 »	145 »	150 »	155 »
	12 o/o	12.50 o/o	13 o/o	13.50 o/o	14 o/o	14.50 o/o	15 o/o	15.50 o/o

Montant des fractions de part	MONTANT DES DROITS AU TAUX DE :							
	12 o/o	12.50 o/o	13 o/o	13.50 o/o	14 o/o	14.50 o/o	15 o/o	15.50 o/o
fr.	fr. c.	fr. c.	fr. c.	fr. c.	fr. c.	fr. c.	fr.	fr. c.
1.020	122.40	127.50	132.60	137.70	142.80	147.90	153 »	158.10
1.040	124.80	130 »	135.20	140.40	145.60	150.80	156 »	161.20
1.060	127.20	132.50	137.80	143.10	148.40	153.70	159 »	164.30
1.080	129.60	135 »	140.40	145.80	151.20	156.60	162 »	167.40
1.100	132 »	137.50	143 »	148.50	154 »	159.50	165 »	170.50
1.120	134.40	140 »	145.60	151.20	156.80	162.40	168 »	173.60
1.140	136.80	142.50	148.20	153.90	159.60	165.30	171 »	176.70
1.160	139.20	145 »	150.80	156.60	162.40	168.20	174 »	179.80
1.180	141.60	147.50	153.40	159.30	165.20	171.10	177 »	182.90
1.200	144 »	150 »	156 »	162 »	168 »	174 »	180 »	186 »
1.220	146.40	152.50	158.60	164.70	170.80	176.90	183 »	189.10
1.240	148.80	155 »	161.20	167.40	173.60	179.80	186 »	192.20
1.260	151.20	157.50	163.80	170.10	176.40	182.70	189 »	195.30
1.280	153.60	160 »	166.40	172.80	179.20	185.60	192 »	198.40
1.300	156 »	162.50	169 »	175.50	182 »	188.50	195 »	201.50
1.320	158.40	165 »	171.60	178.20	184.80	191.40	198 »	204.60
1.340	160.80	167.50	174.20	180.90	187.60	194.30	201 »	207.70
1.360	163.20	170 »	176.80	183.60	190.40	197.20	204 »	210.80
1.380	165.60	172.50	179.40	186.30	193.20	200.10	207 »	213.90
1.400	168 »	175 »	182 »	189 »	196 »	203 »	210 »	217 »
1.420	170.40	177.50	184.60	191.70	198.80	205.90	213 »	220.10
1.440	172.80	180 »	187.20	194.40	201.60	208.80	216 »	223.20
1.460	175.20	182.50	189.80	197.10	204.40	211.70	219 »	226.30
1.480	177.60	185 »	192.40	199.80	207.20	214.60	222 »	229.40
1.500	180 »	187.50	195 »	202.50	210 »	217.50	225 »	232.50
1.520	182.40	190 »	197.60	205.20	212.80	220.40	228 »	235.60
1.540	184.80	192.50	200.20	207.90	215.60	223.30	231 »	238.70
1.560	187.20	195 »	202.80	210.60	218.40	226.20	234 »	241.80
1.580	189.60	197.50	205.40	213.30	221.20	229.10	237 »	244.90
1.600	192 »	200 »	208 »	216 »	224 »	232 »	240 »	248 »
1.620	194.40	202.50	210.60	218.70	226.80	234.90	243 »	251.10
1.640	196.80	205 »	213.20	221.40	229.60	237.80	246 »	254.20
1.660	199.20	207.50	215.80	224.10	232.40	240.70	249 »	257.30
1.680	201.60	210 »	218.40	226.80	235.20	243.60	252 »	260.40
1.700	204 »	212.50	221 »	229.50	238 »	246.50	255 »	263.50
1.720	206.40	215 »	223.60	232.20	240.80	249.40	258 »	266.60
1.740	208.80	217.50	226.20	234.90	243.60	252.30	261 »	269.70
1.760	211.20	220 »	228.80	237.60	246.40	255.20	264 »	272.80
1.780	213.60	222.50	231.40	240.30	249.20	258.10	267 »	275.90
1.800	216 »	225 »	234 »	243 »	252 »	261 »	270 »	279 »
1.820	218.40	227.50	236.60	245.70	254.80	263.90	273 »	282.10
1.840	220.80	230 »	239.20	248.40	257.60	266.80	276 »	285.20
1.860	223.20	232.50	241.80	251.10	260.40	269.70	279 »	288.30
1.880	225.60	235 »	244.40	253.80	263.20	272.60	282 »	291.40
1.900	228 »	237.50	247 »	256.50	266 »	275.50	285 »	294.50
1.920	230.40	240 »	249.60	259.20	268.80	278.40	288 »	297.60
1.940	232.80	242.50	252.20	261.90	271.60	281.30	291 »	300.70
1.960	235.20	245 »	254.80	264.60	274.40	284.20	294 »	303.80
1.980	237.60	247.50	257.40	267.30	277.20	287.10	297 »	306.90
2.000	240 »	250 »	260 »	270 »	280 »	290 »	300 »	310 »
	12 o/o	12.50 o/o	13 o/o	13.50 o/o	14 o/o	14.50 o/o	15 o/o	15.50 o/o

Montant des droits sur les parts nettes ci-après :

Part	Droits	Part	Droits	Part	Droits	Part	Droits
1res 2.000 fr.	240 fr.	1res 10.000 fr.	1.240 fr.	1res 50.000 fr.	6.440 fr.	1res 100.000 fr.	13.190 fr.

TABLEAU 5. — 2e Partie : de 3.000 fr. à 150.000 fr.

Degrés de Parenté : Entre Grands-Oncles ou Grand'Tantes, Petits Neveux ou Petites Nièces et entre Cousins Germ[ains]

DE PART NETTE COMPRISE ENTRE :

5° { 100.001 fr. et 250.000 fr. Taux : 14 o/o ‖ 6° { 250.001 fr. et 500.000 fr. Taux : 14.50 o/o ‖ 7° { 500.001 fr. et 1 million Taux : 15 o/o ‖ 8° { au-dessus de 1 mi[llion] Taux : 15.50 o/o

Montant des fractions de part	MONTANT DES DROITS AU TAUX DE :						
	12.50 o/o	13 o/o	13.50 o/o	14 o/o	14.50 o/o	15 o/o	15.50 o/o
fr.	fr.	fr.	fr.	fr.	fr.	fr.	fr.
....	......	......	......	......	......	......	......
....	......	......	......	......	......	......	......
3.000	375	390	405	420	435	450	465
4.000	500	520	540	560	580	600	620
5.000	625	650	675	700	725	750	775
6.000	750	780	810	840	870	900	930
7.000	875	910	945	980	1.015	1.050	1.085
8.000	1.000	1.040	1.080	1.120	1.160	1.200	1.240
9.000	......	1.170	1.215	1.260	1.305	1.350	1.395
10.000	......	1.300	1.350	1.400	1.450	1.500	1.550
11.000	......	1.430	1.485	1.540	1.595	1.650	1.705
12.000	......	1.560	1.620	1.680	1.740	1.800	1.860
13.000	......	1.690	1.755	1.820	1.885	1.950	2.015
14.000	......	1.820	1.890	1.960	2.030	2.100	2.170
15.000	......	1.950	2.025	2.100	2.175	2.250	2.325
16.000	......	2.080	2.160	2.240	2.320	2.400	2.480
17.000	......	2.210	2.295	2.380	2.465	2.550	2.635
18.000	......	2.340	2.430	2.520	2.610	2.700	2.790
19.000	......	2.470	2.565	2.660	2.755	2.850	2.945
20.000	......	2.600	2.700	2.800	2.900	3.000	3.100
21.000	......	2.730	2.835	2.940	3.045	3.150	3.255
22.000	......	2.860	2.970	3.080	3.190	3.300	3.410
23.000	......	2.990	3.105	3.220	3.335	3.450	3.565
24.000	......	3.120	3.240	3.360	3.480	3.600	3.720
25.000	......	3.250	3.375	3.500	3.625	3.750	3.875
26.000	......	3.380	3.510	3.640	3.770	3.900	4.030
27.000	......	3.510	3.645	3.780	3.915	4.050	4.185
28.000	......	3.640	3.780	3.920	4.060	4.200	4.340
29.000	......	3.770	3.915	4.060	4.205	4.350	4.495
30.000	......	3.900	4.050	4.200	4.350	4.500	4.650
31.000	......	4.030	4.185	4.340	4.495	4.650	4.805
32.000	......	4.160	4.320	4.480	4.640	4.800	4.960
33.000	......	4.290	4.455	4.620	4.785	4.950	5.115
34.000	......	4.420	4.590	4.760	4.930	5.100	5.270
35.000	......	4.550	4.725	4.900	5.075	5.250	5.425
36.000	......	4.680	4.860	5.040	5.220	5.400	5.580
37.000	......	4.810	4.995	5.180	5.365	5.550	5.735
38.000	......	4.940	5.130	5.320	5.510	5.700	5.890
39.000	......	5.070	5.265	5.460	5.655	5.850	6.045
40.000	......	5.200	5.400	5.600	5.800	6.000	6.200
41.000	......	......	5.535	5.740	5.945	6.150	6.355
42.000	......	......	5.670	5.880	6.090	6.300	6.510
43.000	......	......	5.805	6.020	6.235	6.450	6.665
44.000	......	......	5.940	6.160	6.380	6.600	6.820
45.000	......	......	6.075	6.300	6.525	6.750	6.975
46.000	......	......	6.210	6.440	6.670	6.900	7.130
47.000	......	......	6.345	6.580	6.815	7.050	7.285
48.000	......	......	6.480	6.720	6.960	7.200	7.440
49.000	......	......	6.615	6.860	7.105	7.350	7.595
50.000	......	......	6.750	7.000	7.250	7.500	7.750
	12.50 o/o	13 o/o	13.50 o/o	14 o/o	14.50 o/o	15 o/o	15.50 o/o

Montant des fractions de part	MONTANT DES DROITS AU TAUX DE :			
	14 o/o	14.50 o/o	15 o/o	15.50 o/o
fr.	fr.	fr.	fr.	fr.
51.000	7.140	7.395	7.650	7.905
52.000	7.280	7.540	7.800	8.060
53.000	7.420	7.685	7.950	8.215
54.000	7.560	7.830	8.100	8.370
55.000	7.700	7.975	8.250	8.525
56.000	7.840	8.120	8.400	8.680
57.000	7.980	8.265	8.550	8.835
58.000	8.120	8.410	8.700	8.990
59.000	8.260	8.555	8.850	9.145
60.000	8.400	8.700	9.000	9.300
61.000	8.540	8.845	9.150	9.455
62.000	8.680	8.990	9.300	9.610
63.000	8.820	9.135	9.450	9.765
64.000	8.960	9.280	9.600	9.920
65.000	9.100	9.425	9.750	10.075
66.000	9.240	9.570	9.900	10.230
67.000	9.380	9.715	10.050	10.385
68.000	9.520	9.860	10.200	10.540
69.000	9.660	10.005	10.350	10.695
70.000	9.800	10.150	10.500	10.850
71.000	9.940	10.295	10.650	11.005
72.000	10.080	10.440	10.800	11.160
73.000	10.220	10.585	10.950	11.315
74.000	10.360	10.730	11.100	11.470
75.000	10.500	10.875	11.250	11.625
76.000	10.640	11.020	11.400	11.780
77.000	10.780	11.165	11.550	11.935
78.000	10.920	11.310	11.700	12.090
79.000	11.060	11.455	11.850	12.245
80.000	11.200	11.600	12.000	12.400
81.000	11.340	11.745	12.150	12.555
82.000	11.480	11.890	12.300	12.710
83.000	11.620	12.035	12.450	12.865
84.000	11.760	12.180	12.600	13.020
85.000	11.900	12.325	12.750	13.175
86.000	12.040	12.470	12.900	13.330
87.000	12.180	12.615	13.050	13.485
88.000	12.320	12.760	13.200	13.640
89.000	12.460	12.905	13.350	13.795
90.000	12.600	13.050	13.500	13.950
91.000	12.740	13.195	13.650	14.105
92.000	12.880	13.340	13.800	14.260
93.000	13.020	13.485	13.950	14.415
94.000	13.160	13.630	14.100	14.570
95.000	13.300	13.775	14.250	14.725
96.000	13.440	13.920	14.400	14.880
97.000	13.580	14.065	14.550	15.035
98.000	13.720	14.210	14.700	15.190
99.000	13.860	14.355	14.850	15.345
100.000	14.000	14.500	15.000	15.500
	14 o/o	14.50 o/o	15 o/o	15.50 o/o

Montant des fractions de part	MONTANT DES DROITS AU TAUX DE :		
	14 o/o	14.50 o/o	15 o/o
fr.	fr.	fr.	fr.
101.000	14.140	14.645	15.150
102.000	14.280	14.790	15.300
103.000	14.420	14.935	15.450
104.000	14.560	15.080	15.600
105.000	14.700	15.225	15.750
106.000	14.840	15.370	15.900
107.000	14.980	15.515	16.050
108.000	15.120	15.660	16.200
109.000	15.260	15.805	16.350
110.000	15.400	15.950	16.500
111.000	15.540	16.095	16.650
112.000	15.680	16.240	16.800
113.000	15.820	16.385	16.950
114.000	15.960	16.530	17.100
115.000	16.100	16.675	17.250
116.000	16.240	16.820	17.400
117.000	16.380	16.965	17.550
118.000	16.520	17.110	17.700
119.000	16.660	17.255	17.850
120.000	16.800	17.400	18.000
121.000	16.940	17.545	18.150
122.000	17.080	17.690	18.300
123.000	17.220	17.835	18.450
124.000	17.360	17.980	18.600
125.000	17.500	18.125	18.750
126.000	17.640	18.270	18.900
127.000	17.780	18.415	19.050
128.000	17.920	18.560	19.200
129.000	18.060	18.705	19.350
130.000	18.200	18.850	19.500
131.000	18.340	18.995	19.650
132.000	18.480	19.140	19.800
133.000	18.620	19.285	19.950
134.000	18.760	19.430	20.100
135.000	18.900	19.575	20.250
136.000	19.040	19.720	20.400
137.000	19.180	19.865	20.550
138.000	19.320	20.010	20.700
139.000	19.460	20.155	20.850
140.000	19.600	20.300	21.000
141.000	19.740	20.445	21.150
142.000	19.880	20.590	21.300
143.000	20.020	20.735	21.450
144.000	20.160	20.880	21.600
145.000	20.300	21.025	21.750
146.000	20.440	21.170	21.900
147.000	20.580	21.315	22.050
148.000	20.720	21.460	22.200
149.000	20.860	21.605	22.350
150.000	21.000	21.750	22.500
	14 o/o	14.50 o/o	15 o/o

Montant des droits sur les parts nettes ci-après :

Part	Droits	Part	Droits	Part	Droits
1res 250.000 fr.	34.190 fr.	1res 500.000 fr.	70.440 fr.	1er million	145.440 fr.

TABLEAU 6. — 1re Partie : de 20 fr. à 2.000 fr.

Degrés de Parenté : Entre Parents aux 5e et 6e degrés.

TAUX APPLICABLES A LA FRACTION DE PART NETTE COMPRISE ENTRE :

1° 1 fr. et 2.000 — Taux : 14 o/o || 2° 2.001 fr. et 10.000 fr. — Taux : 14.50 o/o || 3° 10.001 fr. et 50.000 fr. — Taux : 15 o/o || 4° 50.001 fr. et 100.000 fr. — Taux : 15.50 o/o

5° 100.001 fr. et 250.000 fr. — Taux : 16 o/o || 6° 250.001 fr. et 500.000 fr. — Taux : 16.50 o/o || 7° 500.001 fr. et 1 million — Taux : 17 o/o || 8° au-dessus de 1 million — Taux : 17.50 o/o

MONTANT DES DROITS AU TAUX DE :

14 o/o	14.50 o/o	15 o/o	15.50 o/o	16 o/o	16.50 o/o	17 o/o	17.50 o/o
fr. c.	fr. c.	fr. c.	fr. c.	fr. c.	fr. c.	fr. c.	fr. c.
2.80	2.90	3 »	3.10	3.20	3.30	3.40	3.50
5.60	5.80	6 »	6.20	6.40	6.60	6.80	7 »
8.40	8.70	9 »	9.30	9.60	9.90	10.20	10.50
11.20	11.60	12 »	12.40	12.80	13.20	13.60	14 »
14 »	14.50	15 »	15.50	16 »	16.50	17 »	17.50
16.80	17.40	18 »	18.60	19.20	19.80	20.40	21 »
19.60	20.30	21 »	21.70	22.40	23.10	23.80	24.50
22.40	23.20	24 »	24.80	25.60	26.40	27.20	28 »
25.20	26.10	27 »	27.90	28.80	29.70	30.60	31.50
28 »	29 »	30 »	31 »	32 »	33 »	34 »	35 »
30.80	31.90	33 »	34.10	35.20	36.30	37.40	38.50
33.60	34.80	36 »	37.20	38.40	39.60	40.80	42 »
36.40	37.70	39 »	40.30	41.60	42.90	44.20	45.50
39.20	40.60	42 »	43.40	44.80	46.20	47.60	49 »
42 »	43.50	45 »	46.50	48 »	49.50	51 »	52.50
44.80	46.40	48 »	49.60	51.20	52.80	54.40	56 »
47.60	49.30	51 »	52.70	54.40	56.10	57.80	59.50
50.40	52.20	54 »	55.80	57.60	59.40	61.20	63 »
53.20	55.10	57 »	58.90	60.80	62.70	64.60	66.50
56 »	58 »	60 »	62 »	64 »	66 »	68 »	70 »
58.80	60.90	63 »	65.10	67.20	69.30	71.40	73.50
61.60	63.80	66 »	68.20	70.40	72.60	74.80	77 »
64.40	66.70	69 »	71.30	73.60	75.90	78.20	80.50
67.20	69.60	72 »	74.40	76.80	79.20	81.60	84 »
70 »	72.50	75 »	77.50	80 »	82.50	85 »	87.50
72.80	75.40	78 »	80.60	83.20	85.80	88.40	91 »
75.60	78.30	81 »	83.70	86.40	89.10	91.80	94.50
78.40	81.20	84 »	86.80	89.60	92.40	95.20	98 »
81.20	84.10	87 »	89.90	92.80	95.70	98.60	101.50
84 »	87 »	90 »	93 »	96 »	99 »	102 »	105 »
86.80	89.90	93 »	96.10	99.20	102.30	105.40	108.50
89.60	92.80	96 »	99.20	102.40	105.60	108.80	112 »
92.40	95.70	99 »	102.30	105.60	108.90	112.20	115.50
95.20	98.60	102 »	105.40	108.80	112.20	115.60	119 »
98 »	101.50	105 »	108.50	112 »	115.50	119 »	122.50
100.80	104.40	108 »	111.60	115.20	118.80	122.40	126 »
103.60	107.30	111 »	114.70	118.40	122.10	125.80	129.50
106.40	110.20	114 »	117.80	121.60	125.40	129.20	133 »
109.20	113.10	117 »	120.90	124.80	128.70	132.60	136.50
112 »	116 »	120 »	124 »	128 »	132 »	136 »	140 »
114.80	118.90	123 »	127.10	131.20	135.30	139.40	143.50
117.60	121.80	126 »	130.20	134.40	138.60	142.80	147 »
120.40	124.70	129 »	133.30	137.60	141.90	146.20	150.50
123.20	127.60	132 »	136.40	140.80	145.20	149.60	154 »
126 »	130.50	135 »	139.50	144 »	148.50	153 »	157.50
128.80	133.40	138 »	142.60	147.20	151.80	156.40	161 »
131.60	136.30	141 »	145.70	150.40	155.10	159.80	164.50
134.40	139.20	144 »	148.80	153.60	158.40	163.20	168 »
137.20	142.10	147 »	151.90	156.80	161.70	166.60	171.50
140 »	145 »	150 »	155 »	160 »	165 »	170 »	175 »

Montant des fractions de part	14 o/o	14.50 o/o	15 o/o	15.50 o/o	16 o/o	16.50 o/o	17 o/o	17.50 o/o
fr.	fr. c.	fr. c.	fr. c.	fr. c.	fr. c.	fr. c.	fr. c.	fr. c.
1.030	142.80	147.90	153 »	158.10	163.20	168.30	173.40	178.50
1.040	145.60	150.80	156 »	161.20	166.40	171.60	176.80	182 »
1.060	148.40	153.70	159 »	164.30	169.60	174.90	180.20	185.50
1.080	151.20	156.60	162 »	167.40	172.80	178.20	183.60	189 »
1.100	154 »	159.50	165 »	170.50	176 »	181.50	187 »	192.50
1.120	156.80	162.40	168 »	173.60	179.20	184.80	190.40	196 »
1.140	159.60	165.30	171 »	176.70	182.40	188.10	193.80	199.50
1.160	162.40	168.20	174 »	179.80	185.60	191.40	197.20	203 »
1.180	165.20	171.10	177 »	182.90	188.80	194.70	200.60	206.50
1.200	168 »	174 »	180 »	186 »	192 »	198 »	204 »	210 »
1.220	170.80	176.90	183 »	189.10	195.20	201.30	207.40	213.50
1.240	173.60	179.80	186 »	192.20	198.40	204.60	210.80	217 »
1.260	176.40	182.70	189 »	195.30	201.60	207.90	214.20	220.50
1.280	179.20	185.60	192 »	198.40	204.80	211.20	217.60	224 »
1.300	182 »	188.50	195 »	201.50	208 »	214.50	221 »	227.50
1.320	184.80	191.40	198 »	204.60	211.20	217.80	224.40	231 »
1.340	187.60	194.30	201 »	207.70	214.40	221.10	227.80	234.50
1.360	190.40	197.20	204 »	210.80	217.60	224.40	231.20	238 »
1.380	193.20	200.10	207 »	213.90	220.80	227.70	234.60	241.50
1.400	196 »	203 »	210 »	217 »	224 »	231 »	238 »	245 »
1.420	198.80	205.90	213 »	220.10	227.20	234.30	241.40	248.50
1.440	201.60	208.80	216 »	223.20	230.40	237.60	244.80	252 »
1.460	204.40	211.70	219 »	226.30	233.60	240.90	248.20	255.50
1.480	207.20	214.60	222 »	229.40	236.80	244.20	251.60	259 »
1.500	210 »	217.50	225 »	232.50	240 »	247.50	255 »	262.50
1.520	212.80	220.40	228 »	235.60	243.20	250.80	258.40	266 »
1.540	215.60	223.30	231 »	238.70	246.40	254.10	261.80	269.50
1.560	218.40	226.20	234 »	241.80	249.60	257.40	265.20	273 »
1.580	221.20	229.10	237 »	244.90	252.80	260.70	268.60	276.50
1.600	224 »	232 »	240 »	248 »	256 »	264 »	272 »	280 »
1.620	226.80	234.90	243 »	251.10	259.20	267.30	275.40	283.50
1.640	229.60	237.80	246 »	254.20	262.40	270.60	278.80	287 »
1.660	232.40	240.70	249 »	257.30	265.60	273.90	282.20	290.50
1.680	235.20	243.60	252 »	260.40	268.80	277.20	285.60	294 »
1.700	238 »	246.50	255 »	263.50	272 »	280.50	289 »	297.50
1.720	240.80	249.40	258 »	266.60	275.20	283.80	292.40	301 »
1.740	243.60	252.30	261 »	269.70	278.40	287.10	295.80	304.50
1.760	246.40	255.20	264 »	272.80	281.60	290.40	299.20	308 »
1.780	249.20	258.10	267 »	275.90	284.80	293.70	302.60	311.50
1.800	252 »	261 »	270 »	279 »	288 »	297 »	306 »	315 »
1.820	254.80	263.90	273 »	282.10	291.20	300.30	309.40	318.50
1.840	257.60	266.80	276 »	285.20	294.40	303.60	312.80	322 »
1.860	260.40	269.70	279 »	288.30	297.60	306.90	316.20	325.50
1.880	263.20	272.60	282 »	291.40	300.80	310.20	319.60	329 »
1.900	266 »	275.50	285 »	294.50	304 »	313.50	323 »	332.50
1.920	268.80	278.40	288 »	297.60	307.20	316.80	326.40	336 »
1.940	271.60	281.30	291 »	300.70	310.40	320.10	329.80	339.50
1.960	274.40	284.20	294 »	303.80	313.60	323.40	333.20	343 »
1.980	277.20	287.10	297 »	306.90	316.80	326.70	336.60	346.50
2.000	280 »	290 »	300 »	310 »	320 »	330 »	340 »	350 »

Montant des droits sur les parts nettes ci-après :

Part	Droits	Part	Droits	Part	Droits	Part	Droits
1ers 2.000 fr.	280 fr.	1ers 10.000 fr.	1.440 fr.	1ers 50.000 fr.	7.440 fr.	1ers 100.000 fr.	15.190 fr.

TABLEAU 6. — 2e Partie : 3.000 fr. à 150.000 fr.

Degrés de Parenté : Entre Parents aux 5e et 6e degrés.

Montant des fractions de part	14.50 o/o	15 o/o	15.50 o/o	16 o/o	16.50 o/o	17 o/o	17.50 o/o
fr.	fr.	fr.	fr.	fr.	fr.	fr.	fr.
....	....	....	....	....	....	....	....
....	....	....	....	....	....	....	....
3.000	435	450	465	480	495	510	525
4.000	580	600	620	640	660	680	700
5.000	725	750	775	800	825	850	875
6.000	870	900	930	960	990	1.020	1.050
7.000	1.015	1.050	1.085	1.120	1.155	1.190	1.225
8.000	1.160	1.200	1.240	1.280	1.320	1.360	1.400
9.000	......	1.350	1.395	1.440	1.485	1.530	1.575
10.000	......	1.500	1.550	1.600	1.650	1.700	1.750
11.000	......	1.650	1.705	1.760	1.815	1.870	1.925
12.000	......	1.800	1.860	1.920	1.980	2.040	2.100
13.000	......	1.950	2.015	2.080	2.145	2.210	2.275
14.000	......	2.100	2.170	2.240	2.310	2.380	2.450
15.000	......	2.250	2.325	2.400	2.475	2.550	2.625
16.000	......	2.400	2.480	2.560	2.640	2.720	2.800
17.000	......	2.550	2.635	2.720	2.805	2.890	2.975
18.000	......	2.700	2.790	2.880	2.970	3.060	3.150
19.000	......	2.850	2.945	3.040	3.135	3.230	3.325
20.000	......	3.000	3.100	3.200	3.300	3.400	3.500
21.000	......	3.150	3.255	3.360	3.465	3.570	3.675
22.000	......	3.300	3.410	3.520	3.630	3.740	3.850
23.000	......	3.450	3.565	3.680	3.795	3.910	4.025
24.000	......	3.600	3.720	3.840	3.960	4.080	4.200
25.000	......	3.750	3.875	4.000	4.125	4.250	4.375
26.000	......	3.900	4.030	4.160	4.290	4.420	4.550
27.000	......	4.050	4.185	4.320	4.455	4.590	4.725
28.000	......	4.200	4.340	4.480	4.620	4.760	4.900
29.000	......	4.350	4.495	4.640	4.785	4.930	5.075
30.000	......	4.500	4.650	4.800	4.950	5.100	5.250
31.000	......	4.650	4.805	4.960	5.115	5.270	5.425
32.000	......	4.800	4.960	5.120	5.280	5.440	5.600
33.000	......	4.950	5.115	5.280	5.445	5.610	5.775
34.000	......	5.100	5.270	5.440	5.610	5.780	5.950
35.000	......	5.250	5.425	5.600	5.775	5.950	6.125
36.000	......	5.400	5.580	5.760	5.940	6.120	6.300
37.000	......	5.550	5.735	5.920	6.105	6.290	6.475
38.000	......	5.700	5.890	6.080	6.270	6.460	6.650
39.000	......	5.850	6.045	6.240	6.435	6.630	6.825
40.000	......	6.000	6.200	6.400	6.600	6.800	7.000
41.000	......	......	6.355	6.560	6.765	6.970	7.175
42.000	......	......	6.510	6.720	6.930	7.140	7.350
43.000	......	......	6.665	6.880	7.095	7.310	7.525
44.000	......	......	6.820	7.040	7.260	7.480	7.700
45.000	......	......	6.975	7.200	7.425	7.650	7.875
46.000	......	......	7.130	7.360	7.590	7.820	8.050
47.000	......	......	7.285	7.520	7.755	7.990	8.225
48.000	......	......	7.440	7.680	7.920	8.160	8.400
49.000	......	......	7.595	7.840	8.085	8.330	8.575
50.000	......	......	7.750	8.000	8.250	8.500	8.750

Montant des fractions de part	16 o/o	16.50 o/o	17 o/o	17.50 o/o
fr.	fr.	fr.	fr.	fr.
51.000	8.160	8.415	8.670	8.925
52.000	8.320	8.580	8.840	9.100
53.000	8.480	8.745	9.010	9.275
54.000	8.640	8.910	9.180	9.450
55.000	8.800	9.075	9.350	9.625
56.000	8.960	9.240	9.520	9.800
57.000	9.120	9.405	9.690	9.975
58.000	9.280	9.570	9.860	10.150
59.000	9.440	9.735	10.030	10.325
60.000	9.600	9.900	10.200	10.500
61.000	9.760	10.065	10.370	10.675
62.000	9.920	10.230	10.540	10.850
63.000	10.080	10.395	10.710	11.025
64.000	10.240	10.560	10.880	11.200
65.000	10.400	10.725	11.050	11.375
66.000	10.560	10.890	11.220	11.550
67.000	10.720	11.055	11.390	11.725
68.000	10.880	11.220	11.560	11.900
69.000	11.040	11.385	11.730	12.075
70.000	11.200	11.550	11.900	12.250
71.000	11.360	11.715	12.070	12.425
72.000	11.520	11.880	12.240	12.600
73.000	11.680	12.045	12.410	12.775
74.000	11.840	12.210	12.580	12.950
75.000	12.000	12.375	12.750	13.125
76.000	12.160	12.540	12.920	13.300
77.000	12.320	12.705	13.090	13.475
78.000	12.480	12.870	13.260	13.650
79.000	12.640	13.035	13.430	13.825
80.000	12.800	13.200	13.600	14.000
81.000	12.960	13.365	13.770	14.175
82.000	13.120	13.530	13.940	14.350
83.000	13.280	13.695	14.110	14.525
84.000	13.440	13.860	14.280	14.700
85.000	13.600	14.025	14.450	14.875
86.000	13.760	14.190	14.620	15.050
87.000	13.920	14.355	14.790	15.225
88.000	14.080	14.520	14.960	15.400
89.000	14.240	14.685	15.130	15.575
90.000	14.400	14.850	15.300	15.750
91.000	14.560	15.015	15.470	15.925
92.000	14.720	15.180	15.640	16.100
93.000	14.880	15.345	15.810	16.275
94.000	15.040	15.510	15.980	16.450
95.000	15.200	15.675	16.150	16.625
96.000	15.360	15.840	16.320	16.800
97.000	15.520	16.005	16.490	16.975
98.000	15.680	16.170	16.660	17.150
99.000	15.840	16.335	16.830	17.325
100.000	16.000	16.500	17.000	17.500

Montant des fractions de part	16 o/o	16.50 o/o	17 o/o	17.50 o/o
fr.	fr.	fr.	fr.	fr.
101.000	16.160	16.665	17.170	17.675
102.000	16.320	16.830	17.340	17.850
103.000	16.480	16.995	17.510	18.025
104.000	16.640	17.160	17.680	18.200
105.000	16.800	17.325	17.850	18.375
106.000	16.960	17.490	18.020	18.550
107.000	17.120	17.655	18.190	18.725
108.000	17.280	17.820	18.360	18.900
109.000	17.440	17.985	18.530	19.075
110.000	17.600	18.150	18.700	19.250
111.000	17.760	18.315	18.870	19.425
112.000	17.920	18.480	19.040	19.600
113.000	18.080	18.645	19.210	19.775
114.000	18.240	18.810	19.380	19.950
115.000	18.400	18.975	19.550	20.125
116.000	18.560	19.140	19.720	20.300
117.000	18.720	19.305	19.890	20.475
118.000	18.880	19.470	20.060	20.650
119.000	19.040	19.635	20.230	20.825
120.000	19.200	19.800	20.400	21.000
121.000	19.360	19.965	20.570	21.175
122.000	19.520	20.130	20.740	21.350
123.000	19.680	20.295	20.910	21.525
124.000	19.840	20.460	21.080	21.700
125.000	20.000	20.625	21.250	21.875
126.000	20.160	20.790	21.420	22.050
127.000	20.320	20.955	21.590	22.225
128.000	20.480	21.120	21.760	22.400
129.000	20.640	21.285	21.930	22.575
130.000	20.800	21.450	22.100	22.750
131.000	20.960	21.615	22.270	22.925
132.000	21.120	21.780	22.440	23.100
133.000	21.280	21.945	22.610	23.275
134.000	21.440	22.110	22.780	23.450
135.000	21.600	22.275	22.950	23.625
136.000	21.760	22.440	23.120	23.800
137.000	21.920	22.605	23.290	23.975
138.000	22.080	22.770	23.460	24.150
139.000	22.240	22.935	23.630	24.325
140.000	22.400	23.100	23.800	24.500
141.000	22.560	23.265	23.970	24.675
142.000	22.720	23.430	24.140	24.850
143.000	22.880	23.595	24.310	25.025
144.000	23.040	23.760	24.480	25.200
145.000	23.200	23.925	24.650	25.375
146.000	23.360	24.090	24.820	25.550
147.000	23.520	24.255	24.990	25.725
148.000	23.680	24.420	25.160	25.900
149.000	23.840	24.585	25.330	26.075
150.000	24.000	24.750	25.500	26.250

Montant des droits sur les parts nettes ci-après :

Part	Droits	Part	Droits	Part	Droits
1ers 250.000 fr.	39.190 fr.	1ers 500.000 fr.	80.440 fr.	1er million	105.440 fr.

TABLEAU 7. — 1re Partie : de 20 fr. à 2.000 fr.

Degrés de Parenté : Entre Parents au-delà du 6e degré et entre Personnes non Parentes.

TAUX APPLICABLES A LA FRACTION DE PART NETTE COMPRISE ENTRE :

1° { 1 fr. et 2.000 fr. — Taux : 15 o/o ‖ 2° { 2.001 fr. et 10.000 fr. — Taux : 15.50 o/o ‖ 3° { 10.001 fr. et 50.000 fr. — Taux : 16 o/o ‖ 4° { 50.001 fr. et 100.000 fr. — Taux : 16.50 o/o

Montant des fractions de part	15 o/o	15.50 o/o	16 o/o	16.50 o/o	17 o/o	17.50 o/o	18 o/o	18.50 o/o
fr.	fr. c.	fr. c.	fr. c.	fr. c.	fr. c.	fr. c.	fr. c.	fr. c.
20	3 »	3.10	3.20	3.30	3.40	3.50	3.60	3.70
40	6 »	6.20	6.40	6.60	6.80	7 »	7.20	7.40
60	9 »	9.30	9.60	9.90	10.20	10.50	10.80	11.10
80	12 »	12.40	12.80	13.20	13.60	14 »	14.40	14.80
100	15 »	15.50	16 »	16.50	17 »	17.50	18 »	18.50
120	18 »	18.60	19.20	19.80	20.40	21 »	21.60	22.20
140	21 »	21.70	22.40	23.10	23.80	24.50	25.20	25.90
160	24 »	24.80	25.60	26.40	27.20	28 »	28.80	29.60
180	27 »	27.90	28.80	29.70	30.60	31.50	32.40	33.30
200	30 »	31 »	32 »	33 »	34 »	35 »	36 »	37 »
220	33 »	34.10	35.20	36.30	37.40	38.50	39.60	40.70
240	36 »	37.20	38.40	39.60	40.80	42 »	43.20	44.40
260	39 »	40.30	41.60	42.90	44.20	45.50	46.80	48.10
280	42 »	43.40	44.80	46.20	47.60	49 »	50.40	51.80
300	45 »	46.50	48 »	49.50	51 »	52.50	54 »	55.50
320	48 »	49.60	51.20	52.80	54.40	56 »	57.60	59.20
340	51 »	52.70	54.40	56.10	57.80	59.50	61.20	62.90
360	54 »	55.80	57.60	59.40	61.20	63 »	64.80	66.60
380	57 »	58.90	60.80	62.70	64.60	66.50	68.40	70.30
400	60 »	62 »	64 »	66 »	68 »	70 »	72 »	74 »
420	63 »	65.10	67.20	69.30	71.40	73.50	75.60	77.70
440	66 »	68.20	70.40	72.60	74.80	77 »	79.20	81.40
460	69 »	71.30	73.60	75.90	78.20	80.50	82.80	85.10
480	72 »	74.40	76.80	79.20	81.60	84 »	86.40	88.80
500	75 »	77.50	80 »	82.50	85 »	87.50	90 »	92.50
520	78 »	80.60	83.20	85.80	88.40	91 »	93.60	96.20
540	81 »	83.70	86.40	89.10	91.80	94.50	97.20	99.90
560	84 »	86.80	89.60	92.40	95.20	98 »	100.80	103.60
580	87 »	89.90	92.80	95.70	98.60	101.50	104.40	107.30
600	90 »	93 »	96 »	99 »	102 »	105 »	108 »	111 »
620	93 »	96.10	99.20	102.30	105.40	108.50	111.60	114.70
640	96 »	99.20	102.40	105.60	108.80	112 »	115.20	118.40
660	99 »	102.30	105.60	108.90	112.20	115.50	118.80	122.10
680	102 »	105.40	108.80	112.20	115.60	119 »	122.40	125.80
700	105 »	108.50	112 »	115.50	119 »	122.50	126 »	129.50
720	108 »	111.60	115.20	118.80	122.40	126 »	129.60	133.20
740	111 »	114.70	118.40	122.10	125.80	129.50	133.20	136.90
760	114 »	117.80	121.60	125.40	129.20	133 »	136.80	140.60
780	117 »	120.90	124.80	128.70	132.60	136.50	140.40	144.30
800	120 »	124 »	128 »	132 »	136 »	140 »	144 »	148 »
820	123 »	127.10	131.20	135.30	139.40	143.50	147.60	151.70
840	126 »	130.20	134.40	138.60	142.80	147 »	151.20	155.40
860	129 »	133.30	137.60	141.90	146.20	150.50	154.80	159.10
880	132 »	136.40	140.80	145.20	149.60	154 »	158.40	162.80
900	135 »	139.50	144 »	148.50	153 »	157.50	162 »	166.50
920	138 »	142.60	147.20	151.80	156.40	161 »	165.60	170.20
940	141 »	145.70	150.40	155.10	159.80	164.50	169.20	173.90
960	144 »	148.80	153.60	158.40	163.20	168 »	172.80	177.60
980	147 »	151.90	156.80	161.70	166.60	171.50	176.40	181.30
1.000	150 »	155 »	160 »	165 »	170 »	175 »	180 »	185 »

Montant des fractions de part	15 o/o	15.50 o/o	16 o/o	16.50 o/o	17 o/o	17.50 o/o	18 o/o	18.50 o/o
fr.	fr. c.	fr. c.	fr. c.	fr. c.	fr. c.	fr. c.	fr. c.	fr. c.
1.020	153 »	158.10	163.20	168.30	173.40	178.50	183.60	188.70
1.040	156 »	161.20	166.40	171.60	176.80	182 »	187.20	192.40
1.060	159 »	164.30	169.60	174.90	180.20	185.50	190.80	196.10
1.080	162 »	167.40	172.80	178.20	183.60	189 »	194.40	199.80
1.100	165 »	170.50	176 »	181.50	187 »	192.50	198 »	203.50
1.120	168 »	173.60	179.20	184.80	190.40	196 »	201.60	207.20
1.140	171 »	176.70	182.40	188.10	193.80	199.50	205.20	210.90
1.160	174 »	179.80	185.60	191.40	197.20	203 »	208.80	214.60
1.180	177 »	182.90	188.80	194.70	200.60	206.50	212.40	218.30
1.200	180 »	186 »	192 »	198 »	204 »	210 »	216 »	222 »
1.220	183 »	189.10	195.20	201.30	207.40	213.50	219.60	225.70
1.240	186 »	192.20	198.40	204.60	210.80	217 »	223.20	229.40
1.260	189 »	195.30	201.60	207.90	214.20	220.50	226.80	233.10
1.280	192 »	198.40	204.80	211.20	217.60	224 »	230.40	236.80
1.300	195 »	201.50	208 »	214.50	221 »	227.50	234 »	240.50
1.320	198 »	204.60	211.20	217.80	224.40	231 »	237.60	244.20
1.340	201 »	207.70	214.40	221.10	227.80	234.50	241.20	247.90
1.360	204 »	210.80	217.60	224.40	231.20	238 »	244.80	251.60
1.380	207 »	213.90	220.80	227.70	234.60	241.50	248.40	255.30
1.400	210 »	217 »	224 »	231 »	238 »	245 »	252 »	259 »
1.420	213 »	220.10	227.20	234.30	241.40	248.50	255.60	262.70
1.440	216 »	223.20	230.40	237.60	244.80	252 »	259.20	266.40
1.460	219 »	226.30	233.60	240.90	248.20	255.50	262.80	270.10
1.480	222 »	229.40	236.80	244.20	251.60	259 »	266.40	273.80
1.500	225 »	232.50	240 »	247.50	255 »	262.50	270 »	277.50
1.520	228 »	235.60	243.20	250.80	258.40	266 »	273.60	281.20
1.540	231 »	238.70	246.40	254.10	261.80	269.50	277.20	284.90
1.560	234 »	241.80	249.60	257.40	265.20	273 »	280.80	288.60
1.580	237 »	244.90	252.80	260.70	268.60	276.50	284.40	292.30
1.600	240 »	248 »	256 »	264 »	272 »	280 »	288 »	296 »
1.620	243 »	251.10	259.20	267.30	275.40	283.50	291.60	299.70
1.640	246 »	254.20	262.40	270.60	278.80	287 »	295.20	303.40
1.660	249 »	257.30	265.60	273.90	282.20	290.50	298.80	307.10
1.680	252 »	260.40	268.80	277.20	285.60	294 »	302.40	310.80
1.700	255 »	263.50	272 »	280.50	289 »	297.50	306 »	314.50
1.720	258 »	266.60	275.20	283.80	292.40	301 »	309.60	318.20
1.740	261 »	269.70	278.40	287.10	295.80	304.50	313.20	321.90
1.760	264 »	272.80	281.60	290.40	299.20	308 »	316.80	325.60
1.780	267 »	275.90	284.80	293.70	302.60	311.50	320.40	329.30
1.800	270 »	279 »	288 »	297 »	306 »	315 »	324 »	333 »
1.820	273 »	282.10	291.20	300.30	309.40	318.50	327.60	336.70
1.840	276 »	285.20	294.40	303.60	312.80	322 »	331.20	340.40
1.860	279 »	288.30	297.60	306.90	316.20	325.50	334.80	344.10
1.880	282 »	291.40	300.80	310.20	319.60	329 »	338.40	347.80
1.900	285 »	294.50	304 »	313.50	323 »	332.50	342 »	351.50
1.920	288 »	297.60	307.20	316.80	326.40	336 »	345.60	355.20
1.940	291 »	300.70	310.40	320.10	329.80	339.50	349.20	358.90
1.960	294 »	303.80	313.60	323.40	333.20	343 »	352.80	362.60
1.980	297 »	306.90	316.80	326.70	336.60	346.50	356.40	366.30
2.000	300 »	310 »	320 »	330 »	340 »	350 »	360 »	370 »

Montant des droits sur les parts nettes ci-après :

Part	Droits	Part	Droits	Part	Droits	Part	Droits
1res 2.000 fr.	300 fr.	1ers 10.000 fr.	1.540 fr.	1ers 50.000 fr.	7.940 fr.	1ers 100.000 fr.	16.190 fr.

TABLEAU 7. — 2e Partie : 3.000 fr. à 150.000 fr.

Degrés de Parenté : Entre Parents au delà du 6e degré et entre Personnes non Parentes

5° { 100.001 fr. et 250.000 fr. — Taux : 17 o/o ‖ 6° { 250.001 fr. et 500.000 fr. — Taux : 17.50 o/o ‖ 7° { 500.001 fr. et 1 million — Taux : 18 o/o ‖ 8° { au-dessus de 1 — Taux : 18.5

Montant des fractions de part	15.50 o/o	16 o/o	16.50 o/o	17 o/o	17.50 o/o	18 o/o	18.50 o/o
fr.	fr.	fr.	fr.	fr.	fr.	fr.	fr.
....	......	......	......	......	......	......	......
....	......	......	......	......	......	......	......
3.000	465	480	495	510	525	540	555
4.000	620	640	660	680	700	720	740
5.000	775	800	825	850	875	900	925
6.000	930	960	990	1.020	1.050	1.080	1.110
7.000	1.085	1.120	1.155	1.190	1.225	1.260	1.295
8.000	1.240	1.280	1.320	1.360	1.400	1.440	1.480
9.000	......	1.440	1.485	1.530	1.575	1.620	1.665
10.000	......	1.600	1.650	1.700	1.750	1.800	1.850
11.000	......	1.760	1.815	1.870	1.925	1.980	2.035
12.000	......	1.920	1.980	2.040	2.100	2.160	2.220
13.000	......	2.080	2.145	2.210	2.275	2.340	2.405
14.000	......	2.240	2.310	2.380	2.450	2.520	2.590
15.000	......	2.400	2.475	2.550	2.625	2.700	2.775
16.000	......	2.560	2.640	2.720	2.800	2.880	2.960
17.000	......	2.720	2.805	2.890	2.975	3.060	3.145
18.000	......	2.880	2.970	3.060	3.150	3.240	3.330
19.000	......	3.040	3.135	3.230	3.325	3.420	3.515
20.000	......	3.200	3.300	3.400	3.500	3.600	3.700
21.000	......	3.360	3.465	3.570	3.675	3.780	3.885
22.000	......	3.520	3.630	3.740	3.850	3.960	4.070
23.000	......	3.680	3.795	3.910	4.025	4.140	4.255
24.000	......	3.840	3.960	4.080	4.200	4.320	4.440
25.000	......	4.000	4.125	4.250	4.375	4.500	4.625
26.000	......	4.160	4.290	4.420	4.550	4.680	4.810
27.000	......	4.320	4.455	4.590	4.725	4.860	4.995
28.000	......	4.480	4.620	4.760	4.900	5.040	5.180
29.000	......	4.640	4.785	4.930	5.075	5.220	5.365
30.000	......	4.800	4.950	5.100	5.250	5.400	5.550
31.000	......	4.960	5.115	5.270	5.425	5.580	5.735
32.000	......	5.120	5.280	5.440	5.600	5.760	5.920
33.000	......	5.280	5.445	5.610	5.775	5.940	6.105
34.000	......	5.440	5.610	5.780	5.950	6.120	6.290
35.000	......	5.600	5.775	5.950	6.125	6.300	6.475
36.000	......	5.760	5.940	6.120	6.300	6.480	6.660
37.000	......	5.920	6.105	6.290	6.475	6.660	6.845
38.000	......	6.080	6.270	6.460	6.650	6.840	7.030
39.000	......	6.240	6.435	6.630	6.825	7.020	7.215
40.000	......	6.400	6.600	6.800	7.000	7.200	7.400
41.000	......	......	6.765	6.970	7.175	7.380	7.585
42.000	......	......	6.930	7.140	7.350	7.560	7.770
43.000	......	......	7.095	7.310	7.525	7.740	7.955
44.000	......	......	7.260	7.480	7.700	7.920	8.140
45.000	......	......	7.425	7.650	7.875	8.100	8.325
46.000	......	......	7.590	7.820	8.050	8.280	8.510
47.000	......	......	7.755	7.990	8.225	8.460	8.695
48.000	......	......	7.920	8.160	8.400	8.640	8.880
49.000	......	......	8.085	8.330	8.575	8.820	9.065
50.000	......	......	8.250	8.500	8.750	9.000	9.250

Montant des fractions de part	17 o/o	17.50 o/o	18 o/o	18.50 o/o
fr.	fr.	fr.	fr.	fr.
51.000	8.670	8.925	9.180	9.435
52.000	8.840	9.100	9.360	9.620
53.000	9.010	9.275	9.540	9.805
54.000	9.180	9.450	9.720	9.990
55.000	9.350	9.625	9.900	10.175
56.000	9.520	9.800	10.080	10.360
57.000	9.690	9.975	10.260	10.545
58.000	9.860	10.150	10.440	10.730
59.000	10.030	10.325	10.620	10.915
60.000	10.200	10.500	10.800	11.100
61.000	10.370	10.675	10.980	11.285
62.000	10.540	10.850	11.160	11.470
63.000	10.710	11.025	11.340	11.655
64.000	10.880	11.200	11.520	11.840
65.000	11.050	11.375	11.700	12.025
66.000	11.220	11.550	11.880	12.210
67.000	11.390	11.725	12.060	12.395
68.000	11.560	11.900	12.240	12.580
69.000	11.730	12.075	12.420	12.765
70.000	11.900	12.250	12.600	12.950
71.000	12.070	12.425	12.780	13.135
72.000	12.240	12.600	12.960	13.320
73.000	12.410	12.775	13.140	13.505
74.000	12.580	12.950	13.320	13.690
75.000	12.750	13.125	13.500	13.875
76.000	12.920	13.300	13.680	14.060
77.000	13.090	13.475	13.860	14.245
78.000	13.260	13.650	14.040	14.430
79.000	13.430	13.825	14.220	14.615
80.000	13.600	14.000	14.400	14.800
81.000	13.770	14.175	14.580	14.985
82.000	13.940	14.350	14.760	15.170
83.000	14.110	14.525	14.940	15.355
84.000	14.280	14.700	15.120	15.540
85.000	14.450	14.875	15.300	15.725
86.000	14.620	15.050	15.480	15.910
87.000	14.790	15.225	15.660	16.095
88.000	14.960	15.400	15.840	16.280
89.000	15.130	15.575	16.020	16.465
90.000	15.300	15.750	16.200	16.650
91.000	15.470	15.925	16.380	16.835
92.000	15.640	16.100	16.560	17.020
93.000	15.810	16.275	16.740	17.205
94.000	15.980	16.450	16.920	17.390
95.000	16.150	16.625	17.100	17.575
96.000	16.320	16.800	17.280	17.760
97.000	16.490	16.975	17.460	17.945
98.000	16.660	17.150	17.640	18.130
99.000	16.830	17.325	17.820	18.315
100.000	17.000	17.500	18.000	18.500

Montant des fractions de part	17 o/o	17.50 o/o	18 o/o
fr.	fr.	fr.	fr.
101.000	17.170	17.675	18.180
102.000	17.340	17.850	18.360
103.000	17.510	18.025	18.540
104.000	17.680	18.200	18.720
105.000	17.850	18.375	18.900
106.000	18.020	18.550	19.080
107.000	18.190	18.725	19.260
108.000	18.360	18.900	19.440
109.000	18.530	19.075	19.620
110.000	18.700	19.250	19.800
111.000	18.870	19.425	19.980
112.000	19.040	19.600	20.160
113.000	19.210	19.775	20.340
114.000	19.380	19.950	20.520
115.000	19.550	20.125	20.700
116.000	19.720	20.300	20.880
117.000	19.890	20.475	21.060
118.000	20.060	20.650	21.240
119.000	20.230	20.825	21.420
120.000	20.400	21.000	21.600
121.000	20.570	21.175	21.780
122.000	20.740	21.350	21.960
123.000	20.910	21.525	22.140
124.000	21.080	21.700	22.320
125.000	21.250	21.875	22.500
126.000	21.420	22.050	22.680
127.000	21.590	22.225	22.860
128.000	21.760	22.400	23.040
129.000	21.930	22.575	23.220
130.000	22.100	22.750	23.400
131.000	22.270	22.925	23.580
132.000	22.440	23.100	23.760
133.000	22.610	23.275	23.940
134.000	22.780	23.450	24.120
135.000	22.950	23.625	24.300
136.000	23.120	23.800	24.480
137.000	23.290	23.975	24.660
138.000	23.460	24.150	24.840
139.000	23.630	24.325	25.020
140.000	23.800	24.500	25.200
141.000	23.970	24.675	25.380
142.000	24.140	24.850	25.560
143.000	24.310	25.025	25.740
144.000	24.480	25.200	25.920
145.000	24.650	25.375	26.100
146.000	24.820	25.550	26.280
147.000	24.990	25.725	26.460
148.000	25.160	25.900	26.640
149.000	25.330	26.075	26.820
150.000	25.500	26.250	27.000

Montant des droits sur les parts nettes ci-après :

Part	Droits	Part	Droits	Part	Droits
1ers 250.000 fr.	41.690 fr.	1ers 500.000 fr.	85.440 fr.	1er million	175.440 fr.

TABLEAU 8

S'appliquant aux dons et legs de bienfaisance désignés dans l'Art. 19 de la Loi du 25 Février 1901.

TAUX UNIQUE : 9 o/o

Capitaux imposables	Droits à 9 o/o	Capitaux imposables	Droits à 9 o/o	Capitaux imposables	Droits à 9 o/o	Capitaux imposables	Droits à 9 o/o	Capitaux imposables	Droits à 9 o/o
fr.	fr. c.	fr.	fr. c.	fr.	fr.	fr.	fr.	fr.	fr.
20	1.80	1.020	91.80	....	......	51.000	4.590	101.000	9.090
40	3.60	1.040	93.60	....	......	52.000	4.680	102.000	9.180
60	5.40	1.060	95.40	3.000	270	53.000	4.770	103.000	9.270
80	7.20	1.080	97.20	4.000	360	54.000	4.860	104.000	9.360
100	9 »	1.100	99 »	5.000	450	55.000	4.950	105.000	9.450
120	10.80	1.120	100.80	6.000	540	56.000	5.040	106.000	9.540
140	12.60	1.140	102.60	7.000	630	57.000	5.130	107.000	9.630
160	14.40	1.160	104.40	8.000	720	58.000	5.220	108.000	9.720
180	16.20	1.180	106.20	9.000	810	59.000	5.310	109.000	9.810
200	18 »	1.200	108 »	10.000	900	60.000	5.400	110.000	9 900
220	19.80	1.220	109.80	11.000	990	61.000	5.490	111.000	9.990
240	21.60	1.240	111.60	12.000	1.080	62.000	5.580	112.000	10.080
260	23.40	1.260	113.40	13.000	1.170	63.000	5.670	113.000	10 170
280	25.20	1.280	115.20	14.000	1.260	64.000	5.760	114.000	10.260
300	27 »	1.300	117 »	15.000	1.350	65.000	5.850	115.000	10.350
320	28.80	1.320	118.80	16.000	1.440	66.000	5.940	116.000	10.440
340	30.60	1.340	120.60	17.000	1.530	67.000	6.030	117.000	10.530
360	32.40	1.360	122.40	18.000	1.620	68.000	6.120	118.000	10.620
380	34.20	1.380	124.20	19.000	1.710	69.000	6.210	119.000	10.710
400	36 »	1.400	126 »	20.000	1.800	70.000	6.300	120.000	10.800
420	37.80	1.420	127.80	21.000	1.890	71.000	6.390	121.000	10.890
440	39.60	1.440	129.60	22.000	1.980	72.000	6.480	122 000	10.980
460	41.40	1.460	131.40	23.000	2.070	73.000	6.570	123.000	11.070
480	43.20	1.480	133.20	24.000	2.160	74.000	6.660	124.000	11.160
500	45 »	1.500	135 »	25.000	2.250	75.000	6.750	125.000	11.250
520	46.80	1.520	136.80	26.000	2.340	76.000	6.840	126.000	11.340
540	48.60	1.540	138.60	27.000	2.430	77.000	6.930	127.000	11.430
560	50.40	1.560	140.40	28.000	2.520	78.000	7.020	128.000	11.520
580	52.20	1.580	142.20	29.000	2.610	79.000	7.110	129.000	11.610
600	54 »	1.600	144 »	30.000	2.700	80.000	7.200	130.000	11.700
620	55.80	1.620	145.80	31.000	2.790	81.000	7.290	131.000	11.790
640	57.60	1.640	147.60	32.000	2.880	82.000	7.380	132.000	11.880
660	59.40	1.660	149 40	33.000	2.970	83.000	7.470	133.000	11.970
680	61.20	1.680	151.20	34 000	3.060	84.000	7.560	134.000	12.060
700	63 »	1.700	153 »	35.000	3.150	85.000	7.650	135.000	12.150
720	64.80	1.720	154.80	36.000	3.240	86.000	7.740	136.000	12.240
740	66.60	1.740	156.60	37.000	3.330	87.000	7.830	137.000	12.330
760	68.40	1.760	158.40	38.000	3.420	88.000	7.920	138.000	12.420
780	70.20	1.780	160.20	39.000	3.510	89.000	8.010	139.000	12.510
800	72 »	1.800	162 »	40.000	3.600	90.000	8.100	140.000	12.600
820	73.80	1.820	163.80	41.000	3.690	91.000	8.190	141.000	12.690
840	75.60	1.840	165.60	42.000	3.780	92.000	8.280	142.000	12.780
860	77.40	1.860	167.40	43.000	3.870	93.000	8.370	143.000	12.870
880	79.20	1.880	169.20	44.000	3.960	94.000	8.460	144.000	12.960
900	81 »	1.900	171 »	45.000	4.050	95.000	8.550	145.000	13.050
920	82.80	1.920	172.80	46.000	4.140	96.000	8.640	146.000	13.140
940	84.60	1.940	174.60	47.000	4.230	97.000	8.730	147.000	13.230
960	86.40	1.960	176.40	48.000	4.320	98.000	8.820	148.000	13.320
980	88.20	1.980	178.20	49.000	4.410	99.000	8.910	149.000	13.410
1.000	90 »	2.000	180 »	50.000	4.500	100.000	9.000	150.000	13.500
	9 o/o		9 o/o		9 o/o		9 o/o		9 o/o

ANNEXE

Loi du 25 Février 1901

Modifiant le régime fiscal des Successions, des Mutations de nue-propriété et d'usufruits et des Donations.

Art. 2. — Les droits de mutation par décès de biens, meubles ou immeubles, seront liquidés sur la part nette recueillie par chaque ayar droit. Ils sont perçus, sans addition d'aucun décime, pour chacune des fractions de cette part suivant les tarifs portés au tableau ci-après

INDICATION DES DEGRÉS DE PARENTÉ	TAUX APPLICABLES A LA FRACTION DE PART NETTE COMPRISE ENTRE							
	1 fr. et 2.000 fr.	2.0001 fr. et 10.000 fr.	10.001 fr. et 50.000 fr.	50.001 fr. et 100.000 fr.	100.001 fr. et 250.000 fr.	250.001 fr. et 500.000 fr.	500.001 fr. et 1 million	Au-dessus de 1 million
	P. 100	P. 100	P. 100	P. 100	P. 100	P. 100	P. 100	P. 100
1° Ligne directe	1 »	1.25	1.50	1.75	2 »	2.50	2.50	2.50
2° Entre époux	3.75	4 »	4.50	5 »	5.50	6 »	6.50	7 »
3° Entre frères et sœurs	8.50	9 »	9.50	10 »	10.50	11 »	11.50	12 »
4° Entre oncles ou tantes et neveux ou nièces	10 »	10.50	11 »	11.50	12 »	12.50	13 »	13 50
5° Entre grands-oncles ou grand'tantes, petits-neveux ou petites-nièces, et entre cousins-germains	12 »	12.50	13 »	13.50	14 »	14.50	15 »	15.50
6° Entre parents aux 5e et 6e degrés	14 »	14.50	15 »	15.50	16 »	16.50	17 »	17.50
7° Entre parents au-delà du 6e degré et entre personnes non parentes.	15 »	15.50	16 »	16.50	17 »	17.50	18 »	18.50

Sont abrogées les dispositions de l'avant-dernier alinéa de l'article 53 de la loi du 28 avril 1816, concernant l'époux survivant.

Art. 3. — Pour la liquidation et le payement des droits de mutation par décès seront déduites les dettes à la charge du défunt dont l'existence au jour de l'ouverture de la succession sera dûment justifiée par des titres susceptibles de faire preuve en justice contre le défunt.

S'il s'agit de dettes commerciales, l'administration pourra exiger, sous peine de rejet, la production des livres de commerce du défunt.

Ces livres seront déposés pendant cinq jours au bureau qui reçoit la déclaration, et ils seront, s'il y a lieu, communiqués une fois, sans déplacement, aux agents du service du contrôle, pendant les deux années qui suivront la déclaration, sous peine d'une amende égale aux droits qui n'auront pas été perçus par suite de la déduction du passif.

L'administration aura le droit de puiser dans les titres ou livres produits les renseignements permettant de contrôler la sincérité de la déclaration de l'actif dépendant de la succession et, en cas d'instance, la production de ces titres ou livres ne pourra être refusée.

S'il s'agit d'une dette grevant une succession dévolue à une personne pour la nue propriété et à une autre pour l'usufruit, le droit de mutation sera perçu sur l'actif de la succession diminué du montant de la dette, dans les conditions de l'article 13 ci-après.

Art. 4. — Les dettes dont la déduction sera demandée seront détaillées, article par article, dans un inventaire sur papier non timbré, qui sera déposé au bureau lors de la déclaration de la succession et certifié par le déposant.

A l'appui de leur demande en déduction, les héritiers ou leurs représentants devront indiquer soit la date de l'acte, le nom et la résidence de l'officier public qui l'a reçu, soit la date du jugement et la juridiction dont il émane, soit la date du jugement déclaratif de la faillite ou de la liquidation judiciaire, ainsi que la date du procès-verbal des opérations de vérification et d'affirmation de créances ou du règlement définitif de la distribution par contribution.

Ils devront représenter les autres titres ou en produire une copie collationnée.

Le créancier ne pourra, sous peine de dommages-intérêts, se refuser à communiquer le titre sous-récépissé ou à en laisser prendre sans déplacement une copie collationnée par un notaire ou le greffier de la justice de paix. Cette copie portera la mention de sa destination, elle sera dispensée du timbre et de l'enregistrement tant qu'il n'en sera pas fait usage soit par acte public, soit en justice ou devant toute autre autorité constituée. Elle ne rendra pas par elle-même obligatoire l'enregistrement du titre.

Art. 5. — Toute dette au sujet de laquelle l'agent de l'administration aura jugé les justifications insuffisantes ne sera pas retranchée de l'actif de la succession pour la perception du droit, sauf aux parties à se pourvoir en restitution, s'il y a lieu, dans les deux années à compter du jour de la déclaration.

Néanmoins, toute dette constatée par acte authentique et non échue au jour de l'ouverture de la succession ne pourra être écartée par l'administration, tant que celle-ci n'aura pas fait juger qu'elle est simulée. L'acticn pour prouver la simulation sera prescrite après cinq ans à compter du jour de la déclaration.

Les héritiers ou légataires seront admis dans le délai de deux ans à compter du jour de la déclaration, à réclamer, sous les justifications prescrites à l'article 4, la déduction des dettes établies par les opérations de la faillite ou de la liquidation judiciaire, ou par le règlement définitif de la distribution par contributions postérieurs à la déclaration et obtenir le remboursement des droits qu'ils auraient payés en trop.

Art. 6. — L'agent de l'administration aura dans tous les cas la faculté d'exiger de l'héritier la production de l'attestation du créancier certifiant l'existence de la dette à l'époque de l'ouverture de la succession. Cette attestation qui sera sur papier non timbré, ne pourra être refusée, sous peine de dommages-intérêts toutes les fois qu'elle sera légitimement réclamée.

Le créancier qui attestera l'existence d'une ette déclarera, par une mention expresse, onnaître les dispositions de l'article 9 relaves aux peines en cas de fausse attestation.

Art. 7. — Toutefois ne seront pas déduites :

1° Les dettes échues depuis plus de trois ois avant l'ouverture de la succession, à oins qu'il ne soit produit une attestation ı créancier en certifiant l'existence à cette poque, dans la forme et suivant les règles éterminées à l'article 6;

2° Les dettes consenties par le défunt au rofit de ses héritiers ou de personnes interosées. Sont réputées personnes interposées s personnes désignées dans les articles 911, ernier alinéa, et 1100 du code civil.

Néanmoins, lorsque la dette aura été conentie par un acte authentique ou par acte ous seing privé ayant date certaine avant ouverture de la succession autrement que ar le décès de l'une des parties contracntes, les héritiers, légataires et donataires, ; les personnes réputées interposées auront droit de prouver la sincérité de cette dette ; son existence au jour de l'ouverture de la ıccession ;

3° Les dettes reconnues par testament ;

4° Les dettes hypothécaires garanties par ne inscription périmée depuis plus de trois ois, à moins qu'il ne s'agisse d'une dette on échue et que l'existence n'en soit attestée ar le créancier dans les formes prévues à article 6; si l'inscription n'est pas périmée, ais si le chiffre en a été réduit, l'excédent ra seul déduit, s'il y a lieu ;

5° Les dettes résultant de titres passés ou e jugements rendus à l'étranger, à moins u'ils n'aient été rendus exécutoires en France: elles qui sont hypothéquées exclusivement ır les immeubles situés à l'étranger; celles, ıfin, qui grèvent des successions d'étrangers, moins qu'elles n'aient été contractées en rance et envers des Français ou envers des ociétés et des Compagnies étrangères ayant ne succursale en France ;

6° Les dettes en capital et intérêts pour squelles le délai de prescription est accomi, à moins qu'il ne soit justifié que la rescription a été interrompue.

Art. 8. — L'inexactitude des déclarations ou testations de dettes pourra être établie par us les moyens de preuve admis par le oit commun, excepté le serment.

Il n'est pas dérogé en cette matière aux spositions des articles 65 de la loi de friaire an VII et 17 de la loi de ventôse an IX, uf dans les instances ne comportant pas la rocédure spéciale établie par ces articles.

Art. 9. — Toute déclaration ayant indûment ıtraîné la déduction d'une dette sera punie une amende égale au triple du supplément e droit exigible, sans que cette amende uisse être inférieure à 500 fr., sans décimes.

Le prétendu créancier qui en aura faussement attesté l'existence sera tenu solidaireent avec le déclarant au payement de amende et en supportera définitivement le ers.

Art. 10. — L'action en recouvrement des oits et amendes exigibles par suite de nexactitude d'une attestation ou déclaration de dette se prescrit par cinq ans à partir de la déclaration de la succession.

Art. 11. — L'article 3 de la loi du 21 juin 1875 est modifié ainsi qu'il suit :

La valeur de la propriété des biens meubles, est déterminée pour la liquidation et le payement du droit de mutation par décès :

1° Par l'estimation contenue dans les inventaires ou autres actes passés dans les deux années du décès ;

2° Par le prix exprimé dans les actes de vente, lorsque cette vente a lieu publiquement et dans les deux années qui suivent le décès. Cette disposition s'applique aux objets inventoriés et estimés conformement au paragraphe 1er et dont l'évaluation serait inférieure au prix de vente ;

3° A défaut d'inventaire, d'actes ou de vente, en prenant pour base 33 p. 100 de l'évaluation faite dans les polices d'assurances en cours au jour du décès, et souscrites par le défunt ou ses auteurs, moins de cinq ans avant l'ouverture de la succession, sauf preuve contraire. Cette disposition ne s'applique pas aux polices d'assurances concernant les récoltes, les bestiaux et les marchandises ;

4° Enfin, à défaut de toutes les bases d'évaluation établies aux trois paragraphes précédents, par la déclaration faite conformément au paragraphe 8 de l'article 14 de la loi du 22 frimaire an VII.

L'insuffisance dans l'estimation des biens déclarés, sera punie d'un droit en sus, si elle résulte d'un acte antérieur à la déclaration. Si, au contraire, l'acte est postérieur à cette déclaration, il ne sera perçu qu'un droit simple sur la différence existant entre l'estimation des parties et l'évaluation contenue aux actes.

Les dispositions qui précèdent, ne sont applicables ni aux créances ni aux rentes, actions, obligations, effets publics et autres biens meubles, dont la valeur et le mode d'évaluation sont déterminés par des lois spéciales.

Les dispositions des deux derniers paragraphes de l'article 8 de la loi du 28 février 1872, sont applicables aux déclarations comprenant des fonds de commerce ou des clientèles dépendant de la succession.

Art. 12. — Les droits de mutation à titre gratuit, entre vifs et par décès, seront liquidés sur la valeur vénale en ce qui concerne les immeubles, dont la destination actuelle n'est pas de procurer un revenu. Les insuffisances d'évaluation en valeur vénale, seront constatées par voie d'expertise, s'il y a lieu, et réprimées selon les règles actuellement en vigueur.

Art. 13. — La valeur de la nue propriété et de l'usufruit des biens meubles et immeubles est déterminée, pour la liquidation et le paiement des droits, ainsi qu'il suit, savoir :

1° Pour les transmissions à titre onéreux de biens autres que créances, rentes ou pensions, par le prix exprimé, en y ajoutant toutes les charges en capital, sauf application des articles 17 de la loi du 22 frimaire an VII et 13 de celle du 23 août 1871 ;

2° Pour les échanges et pour les transmissions entre vifs à titre gratuit ou celles qui s'opèrent par décès des mêmes biens, par une évaluation faite de la manière suivante : Si l'usufruitier a moins de vingt ans révolus, l'usufruit est estimé aux sept dixièmes, et la nue propriété aux trois dixièmes de la propriété entière, telle qu'elle doit être évaluée d'après les règles sur l'enregistrement. Audessus de cet âge, cette proportion est diminuée pour l'usufruit et augmentée pour la nue propriété d'un dixième par chaque période de dix ans, sans fraction. A partir de soixantedix ans révolus de l'âge de l'usufruitier, la proportion est fixée à un dixième pour l'usufruit et à neuf dixièmes pour la nue propriété. Pour déterminer la valeur de la nue propriété, il n'est tenu compte que des usufruits ouverts au jour de la mutation de cette nue propriété.

Toutefois, dans le cas d'usufruits successifs, l'usufruit éventuel venant à s'ouvrir, le nu propriétaire aura droit à la restitution d'une somme égale à ce qu'il aurait payé en moins si le droit acquitté par lui avait été calculé d'après l'âge de l'usufruitier éventuel; mais cette restitution aura lieu dans les limites seulement du droit dû par celui-ci. L'action en restitution ouverte au profit du nu propriétaire se prescrit par deux ans à compter du jour du décès du précédent usufruitier.

L'usufruit constitué pour une durée fixe est estimé aux deux dixièmes de la valeur de la propriété entière pour chaque période de dix ans de la durée de l'usufruit, sans fraction et sans égard à l'âge de l'usufruitier;

3° Pour les créances à terme, les rentes perpétuelles ou non perpétuelles et les pensions créées ou transmises à quelque titre que ce soit, et pour l'amortissement de ces rentes ou pensions, par une quotité de la valeur de la propriété entière, établie suivant les règles indiquées au paragraphe précédent, d'après le capital déterminé par les paragraphes 2, 7 et 9 de l'article 14 de la loi du 22 frimaire an VII.

Il n'est rien dû pour la réunion de l'usufruit à la propriété lorsque cette réunion a lieu par le décès de l'usufruitier ou l'expiration du temps fixé pour la durée de l'usufruit.

Art. 14. — Les actes et déclarations régis par les dispositions des deux derniers paragraphes de l'article 13 feront connaître la date et le lieu de la naissance de l'usufruitier, et, si la naissance est arrivée hors de France ou d'Algérie, il sera, en outre, justifié de cette date avant l'enregistrement; à défaut de quoi, il sera perçu les droits les plus élevés qui pourraient être dus au Trésor, sauf restitution du trop-perçu dans le délai de deux ans sur la représentation de l'acte de naissance, dans le cas où la naissance aurait eu lieu hors de France ou d'Algérie.

L'indication inexacte de la date de naissance de l'usufruitier sera passible, à titre d'amende, d'un droit en sus égal au supplément de droit simple exigible. Le droit le plus élevé deviendra exigible si l'inexactitude de la déclaration porte sur le lieu de naissance, sauf restitution si la date de naissance est reconnue exacte.

Art. 15. — L'article 25 de la loi du 8 juillet 1852 est modifié ainsi qu'il suit :

Le transfert ou la mutation au grand-livre de la dette publique d'une inscription de rentes provenant de titulaires décédés ou déclarés absents ne pourra être effectué que sur la présentation d'un certificat délivré sans frais par le receveur de l'enregistrement, constatant l'acquittement du droit de mutation par décès.

Il en sera de même pour les transferts ou conversions de titres nominatifs des sociétés, départements, communes et établissements publics.

Les sociétés ou compagnies, agents de change, changeurs, banquiers, escompteurs, officiers publics ou ministériels ou agents d'affaires qui seraient dépositaires, détenteurs ou débiteurs de titres, sommes ou valeurs dépendant d'une succession qu'ils sauraient ouverte devront adresser, soit avant le payement, la remise ou le transfert, soit dans la quinzaine qui suivra ces opérations, au directeur de l'enregistrement du département de leur résidence la liste de ces titres, sommes ou valeurs. Il en sera donné récépissé.

Ces listes seront établies sur des formules imprimées, délivrées sans frais par l'administration de l'enregistrement.

Les compagnies françaises d'assurances sur la vie et les succursales établies en France des compagnies étrangères ne pourront se libérer des sommes, rentes ou émoluments quelconques dus par elles à raison du décès de l'assuré à des bénéficiaires autres que le conjoint survivant ou les successibles en ligne directe, si ce n'est sur la présentation d'un certificat délivré sans frais par le receveur d'enregistrement, dans la forme indiquée au premier alinéa du présent article, et constatant soit l'acquittement, soit la non-exigibilité de l'impôt de mutation par décès, à moins qu'elles ne préfèrent retenir, pour la garantie du Trésor, et conserver jusqu'à la présentation du certificat du receveur, une somme égale au montant de l'impôt calculé sur les sommes, rentes ou émoluments par elle dus.

L'article 6 de la loi du 21 juin 1875 n'est pas applicable lorsque l'assurance a été contractée à l'étranger et que l'assuré n'avait en France, à l'époque de son décès, ni domicile de fait, ni domicile de droit.

Quiconque aura contrevenu aux dispositions du présent article sera personnellement tenu des droits et pénalités exigibles, sauf recours coutre le redevable, et passible, en outre, d'une amende de 500 fr. en principal.

Art. 16. — Les mutations par décès seront enregistrées au bureau du domicile du décédé, quelle que soit la situation des valeurs mobilières ou immobilières à déclarer.

A défaut de domicile en France, la déclaration sera passée au bureau du lieu du décès ou, si le décès n'est pas survenu en France, à ceux des bureaux qui seront désignés par l'administration.

Les héritiers, légataires ou donataires, leurs tuteurs ou curateurs, seront tenus, comme par le passé, de souscrire une déclaration détaillée et de la signer sur la formule créée par l'article 11 de la loi du 6 décembre 1897. Toutefois, en ce qui concerne les immeubles situés dans la circonscription de bureaux autres que celui où est passée la déclaration, le détail sera présenté non dans cette déclaration, mais distinctement, pour chaque bureau de la situation des biens, sur une formule fournie par l'administration et signée par le déclarant.

Art. 17. — Lorsqu'il y aura lieu de requérir l'expertise d'un immeuble ou d'un corps de domaine ne formant qu'une seule exploitation situé dans le ressort de plusieurs tribunaux, la demande en sera portée au tribunal de première instance dans le ressort duquel se trouve le chef-lieu de l'exploitation ou, à défaut de chef-lieu, la partie des biens présentant le plus grand revenu d'après la matrice du rôle.

Les experts et, le cas échéant, le tiers expert prêteront serment devant le juge de paix du canton dans lequel se trouve le chef-lieu de l'exploitation ou, à défaut du chef-lieu, la partie des biens présentant le plus grand revenu d'après la matrice du rôle. Le tiers expert sera nommé par ce juge de paix, si les experts ne peuvent en convenir. Les dispositions de l'article 18 de la loi du 22 frimaire an VII non contraires au présent article sont maintenues.

Art. 18. — Les droits d'enregistrement des donations entre vifs de biens meubles ou immeubles sont affranchis de tout décime; ils seront perçus selon les qualités ci-après, et la formalité de la transcription au bureau du conservateur des hypothèques ne donnera plus lieu à aucun droit proportionnel autre que la taxe établie par la loi du 27 juillet 1900 :

En ligne directe :

1° Pour les donations portant partage, faites conformément aux articles 1075 et 1076 du code civil, par les père et mère ou autres ascendants entre leurs enfants ou descendants, un franc soixante-dix centimes par cent francs (1.70 p. 100);

2° Pour les donations faites par contrat de mariages aux futurs, deux francs par cent francs (2 p. 100);

3° Pour les donations autres que celles désignées aux deux numéros précédents, trois francs cinquante centimes par cent francs (3.50 p. 100);

Entre époux :

Par contrat de mariage, trois francs cinquante centimes par cent francs (3.50 p. 100);

Hors contrat de mariage, cinq francs par cent francs (5 p. 100);

En ligne collatérale :

Entre frères et sœurs :

Par contrat de mariage aux futurs, sept francs par cent francs (7 p. 100);

Hors contrat de mariage, neuf francs par cent francs (9 p. 100);

Entre oncles ou tantes et neveux ou nièces :

Par contrat de mariage, huit francs par cent francs (8 p. 100);

Hors contrat de mariage, dix francs par cent francs (10 p. 100);

Entre grands-oncles ou grand'tantes et petits-neveux ou petites-nièces et entre cousins germains :

Par contrat de mariage, neuf francs par cent francs (9 p. 100);

Hors contrat de mariage, onze francs pa cent francs (11 p. 100);

Entre parents au 5° et au 6° degré :

Par contrat de mariage, dix francs pa cent francs (10 p. 100);

Hors contrat de mariage, douze francs pa cent francs (12 p. 100);

Entre parents au delà du 6° degré et ent personnes non parentes :

Par contrat de mariage, onze francs pa cent francs (11 p. 100);

Hors contrat de mariage, treize francs ci quante centimes par cent francs (13.50 100);

Art. 19. — Sont soumis à un droit de ne francs pour cent francs (9 p. 100), sans additic de décimes, les dons et legs faits aux départe ments et aux communes, en tant qu'ils so affectés par la volonté expresse du donateur des œuvres d'assistance, ainsi que les dons legs faits aux établissements publics char tables et hospitaliers, aux Sociétés de Secou mutuels et à toutes autres Sociétés reconnu d'utilité publique dont les ressources so affectées à des œuvres d'assistance.

Il sera statué sur le caractère de bienfa sance de la disposition par le décret rendu Conseil d'Etat où l'arrêté préfectoral qui autorisera l'acceptation.

Sont également soumis à un droit de ne francs pour cent francs (9 p. 100), sans additic de décimes, les dons et legs faits aux Sociét d'instruction et d'éducation populaire gratuit reconnues d'utilité publique et subventionné par l'Etat.

A l'égard de tous les biens légués aux dépa tements et à tous autres établissements publi ou d'utilité publique, le délai pour le paieme des droits de mutation par décès ne cour contre les héritiers ou légataires saisis de succession qu'à compter du jour où l'autori compétente aura statué sur la demande autorisation d'accepter le legs, sans que payement des droits puisse être différé au de de deux années à compter du jour du décè

Cette disposition ne porte pas atteinte l'exercice du privilège que l'article 32 de la du 22 frimaire an VII accorde au Trésor s les revenus des biens à déclarer.

Art. 20. — La taxe établie par l'article 5 la loi du 21 juin 1875 sur les lots payés a créanciers et aux porteurs d'obligations, eff publics et tous autres titres d'emprunt, fixée à huit pour cent (8 p. 100).

Il n'est pas innové en ce qui concerne droits applicables aux primes de rembour ment.

Art. 21. — Le droit fixe prévu par l'art. paragraphe 4 de la loi du 28 avril 1816, cesse d'être exigible pour toute réunion de l'usufr à la propriété, opérée par acte de cession, do le prix principal ne dépassera pas deux m francs (2.000 francs).

Art. 22. — Les formules créées par l'art. de la loi du 6 décembre 1897 pour les décla tions de mutation par décès seront délivr aux déclarants moyennant paiement de ci centimes par feuille double et de deux ce times et demi par feuille simple.

Imp. — P. LEGENDRE et Cie, — Lyon

www.ingramcontent.com/pod-product-compliance
Lightning Source LLC
LaVergne TN
LVHW010017230826
846092LV00002B/857

9782019659516